脱支援道

笑顔と自由に満ちた未来のためにできること

発達障害

DOSHIN HIROKI
廣木道心

花風社

目次

第七章　誰の子ですか？

○自分の子どものことだから支援者まかせにしない
○治すのは誰ですか？
○社会が変わるより、自分が変わる方が早い
○率先垂範　自分で自らやりましょう
○わかり合えない人は放っておきましょう
○きれいごと抜きの現状
○親バカとして、今を生きる

第一章

福祉という閉ざされた世界へ送り込まれないために

○すべてを話そう

今回、私が体験してきたことで、言えることを全部書こうと思っています。もしかしたらショックを受ける方がおられるかもしれません。そのときは途中で読むのをやめていただいてもかまいません。けれども子ども達の未来にとって大切なことだと感じるので、すべてをお話しようと思います。

知りたい方は、どうか読み飛ばすことなく最後まで読んでください。

○まずは自己紹介

まずは簡単に自己紹介をさせていただきます。

私には自閉症で知的障害のある息子（現在二十四歳）と娘（現在二十五歳）がいます。息子が発達障害ということがわかるまでは、大手新聞社系列の印刷会社でＤＴＰオペレーターをしていました。けれども、幼少期の息子と関わる時間を作るために会社を辞めて家でＳＯＨＯワークをするようになりました。
同時に周囲の勧めもあり、趣味であった武道・格闘技を活かした護身術教室を開くことになりました。

息子との育児の中で自傷・他害などのパニックの問題に直面し、我が子のために武道の知恵を活かして独自に対応してきました。結果として息子はすっかり落ち着いたのですが、そのことが噂で広まり、対応方法を教えてほしいという方が現れました。技術を伝達するなら様々な障害のある子ども達と関わる必要性があると感じ、介護士として現場で働きだしました。

また息子は地域の学校へ入学させていたので、息子のためにも療育や特別支援教育の知識を得て活かしたい、息子の将来を案じて就労支援やグループホームなどを観ておきたいという考えもありました。

そんな経緯から約十年、障害児、障害者の福祉現場で働いてきました。その間にヘルパー2級（初任者研修）を取得し、介護福祉士になり、施設長も経験し、サービス管理責任者の資格も取得しました。また医療福祉専門学校で障害者理解の授業や強度行動障害支援者養成研修の講師も行いました。

その介護士経験によって道場のほうも変化していき、自他共に傷つけないことを目的とした護道（ごどう）という新しい武道を創始することになりました。護道という名称になってからは十二年ですが、最初に護身術の道場を起こしてから数えると、現在で約二十年経過したことになります。

さらに護道の技術を応用した介助法というパニック時の誘導法を開発したことで、現在は全国の公立学校や特別支援学校、福祉施設から依頼を受けて講演やセミナー活動を通じて指導を行っています。

『自傷・他害・パニックは防げますか？　二人称のアプローチで解決しよう！』
2018年　花風社

これまで体系だったパニック時の誘導法がなかったことから、イタリアのボローニャ大学のオンラインジャーナルにレポートが掲載され、昨年はＮＨＫ国際放送によって世界百六十カ国へ護道や介助法のことが紹介されました。

介助法に関しては花風社で本も出版させていただきました。

その他、息子が小学生の頃にＰＴＡ会長を引き受けたことから地域活動に参加させていただくことになり、体育厚生協会のスタッフ、少年補導員、町会の防犯委員など地域の活動にもできる範囲で参加しています。また発達障害のある受刑者のお話をお聞きし、依頼を受けて保護司もさせていただいていました。

さて、ざっと自己紹介をさせていただきましたが、そうした対外的な肩書に関係なく、私自身は、どこまでいっても障害のある息子が大好きなタダの親バカに過ぎません。

よく介護士であったことから福祉施設の支援者として見られることもありますが、全ては息子のために繋がるのであれば……という想いでやってきたことであり、優先順位は常に我が子である部分はブレることなく生きてきました。

本書においては、教育や福祉の支援者だけでなく、保護者やご家族に対してもショッキングで厳しい内容を書いていくことになるかもしれませんが、発達障害のある子ども達の成長と親亡き後の息子の幸せを願う一人の親バカが書いているということを念頭にいれて読み進めていただければ幸いです。

○結論から先に言います。「大変なことになる前に治しましょう」

今回の最終的な結論は「大変なことになる前に治しましょう」です。

親としても介護福祉士としても、また保護司として刑務所に収監された発達障害のある受刑者を見てきた経験も踏まえて、とにかく「いわゆる問題行動」は治さないと大変なことになると痛感しています。

元警視庁の刑事であり発達障害の支援者をも経験した榎本澄雄さんの著書『元刑事が見た発達障害』には「他人の生命・身体・財産を傷つけなければ自由な人間として生きていける」と書かれています。

逆に言うと他者の自由を奪うような行動をしてしまうと社会の中で一緒に生きていけないということになります。
この本の中にも載っている警察法を引用しましょう。

警察法
警察の責務
【第二条】　警察は、個人の生命、身体及び財産の保護に任じ、犯罪の予防、鎮圧及び捜査、被疑者の逮捕、交通の取締その他公共の安全と秩序の維持に当ることをもつてその責務とする。

『元刑事が見た発達障害　真剣に共存を考える』2018年　花風社

この「生命・身体・財産」を傷つけない状態を目指すというのが私の中では「治す」ということの定義かもしれません。定義というか、ヘルパーの仕事を経て、いま感じていることです。

要点

治る、とは。

息子には重度と言われた知的障害と自閉症があったが「他人の生命・身体・財産を傷つけない状態＝一般社会と共存できる状態＝治った状態」と自分としてはとらえている。

○もはや「脳の機能障害」ではない？

浅見淳子さんが書かれた『ＮＥＵＲＯ』という本には、発達障害は現在、神経発達障害（神経発達症）に改正されていることが書かれています。

かつて発達障害は脳の機能障害で一生治らない、と言われていました。私もそう言われて、「あぁ、脳の機能障害なのか……」とショックを受けたこともありました。

ただ幸いなことに私の場合には武道を長くやっていたことや、それに関連して気功や瞑想（マインドフルネス）に関する知識もあっ

『NEURO　神経発達障害という突破口』2019年　花風社

ため、「脳についてはまだまだ解明されていないこともあり、色々な機能があるので、一部に何らかの不具合が生じていたとしても、様々なアプローチで刺激を与えていくことで、不具合を補うぐらいに別の能力が育つのではないか?」という気持ちがありました。どうしたら少しでも改善していくか? 現在の医療が治せないなら、自分でできることを考えようと意識が切り替わっていったところがあります。

また子育てで悩んだときに最初は図書館で発達障害に関する療育の本を読んだり、実際に支援センターへ息子を連れて行ったりしましたが、当時は誰も納得のいくような結果を出してくれなかったので、自分で考えるしかなかったということもあります。

しかし、今は私の子育ての頃と違って、「発達障害は神経発達障害だ」ということを、きちんと教えてくれる本があるのだから、ぜひ読んでみてほしいと思います。

本を読み、確かに神経は全身に張り巡らされているので身体へのアプローチは有効性があるということを改めて再確認させていただきました。

再確認というのは、私の実践してきた介助法もパニック時における身体へのアプローチ方法だったからです。息子の場合はパニック時の身体接触を通じて身体を整えることを心掛けてきました。

武道では「心身一如」という考え方をします。もとは仏教用語ですが、心と身体は切り離すことができないものという意味です。

この「心」を仮に思考を生み出す部位として捉えた場合、それは脳になります。

その脳は言うまでもなく、他の臓器と変わらず、身体の一部です。つまり、脳（心）＝身体でもあるわけです。

気持ち（脳・心）が緊張することで肩が上がって、身体に力が入って動きづらくなります。お風呂に入って身体が緩むと、気持ち（脳・心）も緩んでリラックスします。このように、心の状態は身体に影響を与え、身体の状態は心へ影響を与えることを私たちは日常的に知っています。

そして、神経は脳に限らず、全身に張り巡らされています。脳の神経が何らかの影響によって不具合を起こしていたとしても、身体（全身の神経）を調整していくことで、脳の神経へも影響を与えていくことは理論的にも間違いではないでしょう。

もちろん、この神経発達症という考え方も、今後どんどん変わっていくかもしれません。これからも様々な発見があるとは思いますが、現時点ですでに有効性のあるものは取り入れて試していくほうが得策だといえるでしょう。

浅見さんは本書の中にこう書かれています。

多くの元発達障害児たちが
「昔、発達障害だったよ、でも治った」と言いながら
自分の好きな仕事について
楽しみながら社会貢献している。
それが私の夢見る社会である。

これを読んで、本当にそうだなと納得しました。
その納得した理由として、今の日本における障害者を取り巻く現状を書いていきたいと思います。知らない方々にとって、ショッキングな内容かもしれませんが、「希望がない

わけじゃない」ということを最初に言っておきたいと考え、浅見さんの本の紹介をさせていただきました。

そして、私の息子も自傷・他害・パニックは一切なくなり、今では日々笑顔で暮らしていることを付け加えておきます。

○神経発達の障害なのだから身体を整えていこう

どうすればいいか？　についても、先に結論から言っておきましょう。

結論は「神経発達の障害なので、身体を整えていこう」ということです。そのために花風社からは、ためになる本がいっぱい出ています。

本は、だいたい千数百円から二千円くらいですが、色々な知見を二千円程度で得られるというのはありがたいことだと私は感じています。

私も介護の仕事をしたり、武道を学んだりしてきましたが、介助法に関しても技術を構築するまでには莫大な時間と労力とお金がかかっています。それを人に伝えるために書籍に纏めて形にするのは正直、大変な作業でした。

そのため身体アプローチをはじめとする有効な手立てを紹介してくださっている他の様々な先生たちの知見の貴重さは、おそらく読者の方々よりも理解していると自負しています。時間と費用と情熱を注ぎこんで研究し、纏めた本を、たった二千円で学べるというのはすごくありがたいことだと感じています。

どうしてもお金がない人は図書館行って借りてもいいかもしれませんが、できれば手元に置いて繰り返し読んでほしいです。それは別に花風社の著者の一人として本を売りたいからではありません。知見が積み込まれていますので、おそらく一度読んだだけではわからないことや気づかないことがあるからです。

そもそも他の著書を売り込んでも私自身には一円も儲けにはなりませんので……。

私が身体アプローチを勧める理由はシンプルで、笑顔で過ごす子ども達を増やしたいからであり、それは我が子を取り巻く未来の環境にもつながっていくと感じているからです。

ともかく、皆様にとって読んで損はないはずです。オススメいたします。

○他者の自由を邪魔しないと自由に生きていける

座波淳さんの書かれた『発達障害でも働けますか？』という本があります。

大阪でこの本の著者である座波淳さんと浅見淳子さんの講演会が開かれた際に参加させていただいたのですが、障害が治るということの定義として、「他者の自由を侵害しない」という発言がありました。

先ほどの『元刑事が見た発達障害』にも共通する部分ですが、他者の自由を侵害しないでいられるようになると、社会の中で人々と共存していけるし、仕事もできる可能性が広

『発達障害でも働けますか？』2019年　花風社

がるということです。

私は就労継続支援の事業所で仕事をしたことがありますが、とくに精神障害の方に『発達障害でも働けますか?』を是非読んでほしいと思いました。あとこの本のすごくいいところは、巻末一七七ページから「『発達障害は治す』という発想の転換」という付録がついていて、どうやったら治るのか? その背景が描かれているところです。ここを読むだけでも価値があり、役に立つはずです。お勧めします。

○閉鎖的な福祉の世界に行かないで

ここからは、自身の経験談を大きく二つに分けて紹介させていただきます。ひとつは現在、二十四歳になった息子と私のこれまでの話。これは親の立場からの話になります。

次に支援者としてヘルパーの仕事を十年やってきて、その結論として「治しましょう」と思うに至るまでの話です。一言で言ってしまうと

閉鎖的な福祉の世界に行かないで

ということです。つまり、行かないで済むようになってほしいということです。その方が子ども達は自由に生きて行けます。そのためにどうしたらいいかという結論も改めて一言で言うと、そこに至る前に

身体を整えましょう

ということです。

○我が子のこと

まずは我が子の二十四年をお話したいと思います。

息子の名前は旺我（おうが）といいます。

八月（August ＝オーガスト）が出産予定日なので、この名前にしたのですが、実際には天神祭りのある七月二十五日に生まれました。

そのため、天のつく名前も考えたのですが、生まれた息子はか細く弱々しい感じに見えたので、強そうな名前にしようと考え、結局、当初の予定通り「旺我」になりました。

現在、二十四歳です。家族や周囲の友たちからは「おーちゃん」という愛称で呼ばれています。

自閉症で知的障害があり、療育手帳では重度のA判定でした。今はイラストを描いたりして暮らしています。依頼を受けて挿絵を描いたり、自身の作品展を開催したり、他の

様々なイベント会場で似顔絵描きをすることもあります。ゆる〜い似顔絵を描いて一枚五百円で売っています。

そうしたアートイベントを不定期に行っており、二〇二〇年七月には伊丹のクロスロードカフェというギャラリーを兼ねたカフェで個展を開催させていただきました。そのときは個展開始一週間の時点で、九万円を売上げました。

就労支援B型に行くと一ヶ月の工賃が全国平均で一万五千円と言われていますが、軽く六倍くらいは稼いだわけです。

最終的に個展は一カ月行いましたが、就労支援B型の平均工賃でいう約十カ月分以上を稼ぐことができました。

こういうことを言うと福祉関係者から「お金がすべてではない」と批判を受けることがあります。私もお金が全てとは思っておらず、むしろ収益よりも、「どうやって稼いだか?」ということを考えてもらいたいと思っています。

様々な事業所がありますが、一般的には簡単な軽作業を朝から夕方までさせられている場合が大半です。例えば商品の袋詰めやパッケージの箱折り作業など一つ組み立てて何銭〜数円の内職業をひたすら毎日やっていることがありますが、それは本当にその利用者の方々の特性を活かした仕事なのか？　と疑問を感じることがあります。

それが一日ずっと続くだけで、これは作業や訓練という名のただの時間つぶしではないか？　と感じてしまうことがあり、その状態は就労施設から抜け出さない限り、延々と続くわけです。

だから障害がある子ども達の親御さんたちには、我が子にとって福祉施設へまっすぐ送ることが果たして最良なのか？　ということを一度、考えてみてほしいと思っています。

息子は自身が楽しくできることでお金を稼いで、その稼いだお金で好きなものを好きなときに購入しています。善し悪しを押し付けるつもりはありませんが、息子のような生き方もあるということを知っていただきたいと思っています。


また私たちは家族で『なごみすと』という障害者の応援ツールとしての雑誌も発行しています。私はグラフィックデザインの仕事もやっており、妻もデザイナーです。だから私達ができることといえば販促ツールを作ったり、冊子を作ったりすることで、そのことから雑誌を作って販売しています。

この『なごみすと』を作るきっかけについては後ほど説明します。

○「障害者」になると世間から見えなくなる

これまで色々な就労支援施設、昔で言う作業所を訪ねて働かせていただいてきましたが、ある就労支援施設を訪ねたときに道に迷い、周辺のコンビニで店員さんに「この辺りに障害のある方が働いている施設はありませんか？」と尋ねたことがありました。

「住所はこのへんだけどないよね～」と店員同士が話合っていたので、自分で探すしかないと思い、コンビニの周囲を歩いてみたら、その就労支援施設はコンビニの真裏にありました。

つまり、就労支援施設の存在を地域の人は

全く認識していなかったわけです。施設の真裏にあるコンビニですら知られていないのです。私はそのことに驚きと危機感を覚えました。

その就労支援施設の利用者は同じ法人が管理するグループホームから専用のバスで送迎されており、利用者の日常は施設とグループホームの行き来だけで成り立っていました。だから地域の方に知られていなかったわけです。完全に囲い込みの状態だったといえます。

また、そこでは百円ショップのハンガーの組み立て作業をされていました。

その施設の作業場はフロアが分かれており、利用者の一カ月の工賃は、よく作業ができる軽度の方の班の工賃が一万円、重度の方の班の工賃は三千円と言われていました。

そのとき、工賃が安いな……と感じたのが第一印象でしたが、そのことよりも違和感があったのは支援するスタッフが何の疑いもなく、利用者に作業を促していることでした。

あれほど療育や特別支援教育や福祉では個別対応とか本人の特性に基づいた支援とか言われているのに、結局、就労支援施設では、その人でなければならないような仕事ではなく、全員同じような内職作業をさせられていました。

その中で、とくに印象に残ったのは身体に障害があり、寝たきり状態の利用者への対応でした。

ヘルパーが身体に障害のある利用者さんが寝ている傍に座り、「はい、○○さん組み立てますよ〜。パチッ……」と言いながら、ハンガーを介護士が組み立てていました。それでも利用者には施設に来ていたら、作業している人と同じように工賃が支払われていました。

他にも身体に障害がなくても、ほとんどソファーで寝ていて何もしていない利用者や、その施設から脱走する利用者もいましたが、とにかく施設に足を踏み入れてさえいれば、工賃が支払われていました。

さらに利用者の作業効率では納品日までに間に合いそうにない作業に関しては、ヘルパーがボランティアで残業して、商品を組み立てて納品していました。

就労支援施設とグループホームの往復で地域社会と隔離された環境、仕事とは呼べない微々たる工賃の内職作業、作業能力に差があっても同じく工賃は支払われ、ヘルパーが尻ぬぐいして何とか回している就労支援の実態に「これは本当に利用者のための就労支援といえるのだろうか？」という疑問を感じるようになりました。

そうした経験もあり、うちの息子が学齢期を終えて成人する前に、息子の行く先をどうしようか？　と家族で考えました。

そうして思いついたのが、先に紹介していた『なごみすと』という雑誌の制作と販売でした。『なごみすと』の元ネタは『ＢＩＧ　ＩＳＳＵＥ』というイギリス発祥のホームレスの方を支援するための雑誌でした。

販売員になりたいと希望するホームレスの方へ最初は無料で十冊くらいを渡して、雑誌が売れるとホームレスの方にその半額が入るという仕組みです。販売員の方は、その売り上げを元手に、次は雑誌を仕入れて売る、という流れになっていると知りました。そこで、そのアイデアを参考にして障害者の就労に繋がる雑誌を作ろうという話になりました。

○福祉のリソースは税金である

福祉サービスは税金で運営されています。ヘルパーの給料も税金から払われていますし、利用者の受けるサービスも税金で賄われています。そのため、行政の方針が変わるたびに福祉の現場は右往左往することがあります。

福祉サービスは皆様の血税からいただく、限られた財源に依存している状態になっているわけです。入ってくるお金は決まっていますから、その中でやりくりしようとすると、どうしても無理が生じます。大半は支援者の人件費に予算がかかりますから、何かやろうとすればヘルパーの賃金を抑える事業者が多くなります。そのためヘルパー個人の善意に依存したボランティア残業が発生し、休日もボランティアでのイベント参加への同調圧力が蔓延している事業所などがありました。

そうした状況を感じ、福祉に依存しない方法で雇用を創出できないかな？　と思ったのが『なごみすと』ができた理由でもありました。

また福祉財源やスポンサーに依存しなければ、挿絵は息子に自由に描かせることができるし、内容も自分たちが好きなこと書けるなとも考えて、制作費用はクラウドファンディングで集めました。

そして、ちょうど息子が日本で唯一の公立のデザインの専門学校を卒業する際に、卒業制作として息子と妻が作ったのが、『なごみすと』第一号でした。

もし我が家がケーキ屋をやっていたらクッキーとかを作っていたかもしれませんが、実際に雑誌だったら在庫を抱えても腐らないのでいいなという話になりました。

その『なごみすと』をうちの息子やその友だちなど障害のある人に販売してもらって、それで地域とのつながりを作れたらいいなというのも大きな理由でした。

近隣のコンビニ店員にすら存在を知られていない就労支援施設の利用者の方々や、その中で横たわっているだけの身体障害のある利用者さんも、例えばヘルパーと散歩に出かけて地域の喫茶店などで『なごみすと』を紹介して置かせてもらうように営業をかけることで、もし置いてもらえるようになったら、「どこかの車椅子に乗っている身体障害者」から「なごみすとの販売員の○○ちゃん」に変わる可能性はあるのではないか？　と考えました。

またヘルパーが代わりに組み立てたハンガーは、その方の就労とはとても言い難いと感じますが、その方の存在を知り、「○○ちゃんから『なごみすと』を買いたい」と思うお客さんが出てきたら、これは立派な営業マンになるのではないか？　という風に思ったのです。

そして、クラウドファンディングでお金を集めて、そのお金で第一号を刷りましたので、行政からのお金（皆様の税金）に頼らずに済みました。うちの儲けはないですが売った半額のお金で増刷して、現在、第３号まで制作できています。

そして、息子は絵を描くのが好きなので作品展や、似顔絵描きなど色々なイベントに参加しながら『なごみすと』も販売しています。『なごみすと』の取材と構成は、ほぼ妻が一人で制作しており、イラストは全部息子が描いています。一部は私が記事を書き、大学の文学部に通う娘が時々、文章を校正しているという家庭内操業の雑誌になっています。

もし「なごみすと」に興味のある方で、大阪まで買いに行けないという方はネットでも販売しておりますので、こちらでお求めくださいい（https://nagomisuto.shop-pro.jp/）。

第二章

息子との日々

○幼い頃見せた特性あれこれ

息子（旺我＝おーちゃん）の話を続けます。


幼い頃は、視線が全く合いませんでした。

表情も少なく、みんなにロボットみたいと言われていました。

視線を強引に合わせようとして、興味のありそうなものを見せて視線が合うように誘導したことや、息子の視線に自身の顔をもっていったこともありましたが、常に逸らされました。逸らされる度に視線が合うように移動することを何度も繰り返していましたが、上手くいきませんでした。

また多動で、とにかく走り回っていました。

室内の蛍光灯に向けて掌をひらひらさせたりもしていました。

あと異食で砂を食べていたこともあります。

砂場の砂には貝殻とか混じっていますが、それを選んで奥歯でがりがりかじっていたこともあります。

砂を食べる異食は、唐揚げを食べ出すようになってから、おさまりましたが、今度は偏食になり、唐揚げや肉ばっかりを好んで食べるようになりました。

マクドナルドが大好きで、しゃべれるようになってからは「マクド様！　マクド様！」って言っていました。

また小学校一年生くらいまでは、意味のある単語での会話はなく、「たーったったった」「やんやん」「やんやんぴーぴー」とか、そういう意味不明な擬音を発していました。当然、お父さん、お母さんも全く言いませんでした。それが徐々にCMのフレーズとか言い出したのは小学校に入ったくらいです。

とにかく走り回って行方をくらます。テレビ番組の「ＳＡＳＵＫＥ」みたいに、器用に手足をかけて高い所へ登っていました。天井に張り付いていたりすることもあり、不安定なゴムの棒の上に立っていたこともあります。保育所のときに、いなくなったと思って探していたら、保育所の屋根に上っていたこともありました。

しかし、時々、何気ない所から落ちたりするので、身体能力があるのかないのかわからない感じでした。

あとは水遊びが好きで水たまりをみつけると，倒れ込んでビショビショになっていました。冬でも池に飛び込んでしまうことがありました。それも小学校まで続いていました。とにかく当時はどうしたらいいのか？　と悩んでおり、目を離せず大変でした。

○息子の障害を機に転職

私自身が息子の障害について意識し始めたのは、三歳頃の検診で知的な遅れがあると検診で言われたと妻から聞かされたことがきっかけでした。そして、医者から母親だけでなく、父親もかかわっていくことが大切だと言われたからです。

当時の社会は障害児に対する認識や理解はとても低いものでした。メディアで発達障害に関する情報が報道されるようになったのは最近のことです。

その頃、私は某大手新聞社のグループ会社でマッキントッシュを使ったＤＴＰ業務を行っていました。

息子と関わる時間を増やすためにも版下業務のデジタル化を行うように進言し、作業の効率化を図ることで早く帰宅していましたが、そのことも含めて直属の上司である課長とトラブルになり、課長の根回しによって家から離れた工場へ配転することになりました。配転が決まってから課長の上司である本部の部長と話し合うことになったときに、息子の障害のことを伝えましたが、「子育ては女の仕事だろう、おまえは金稼いで帰るのが仕事、これまで通り（配属先で）働いてくれればそれでいい」と言われました。

そのときにお金を稼ぐことは他にも方法はあるけれど、子どもの成長は止められないため、育児に対する理解がない会社にいても仕方がないと考えて、辞めることにしました。

当時はＤＴＰとＷＥＢのソフトを使える人材が世間ではまだまだ少なかったため、求人募集の問い合わせをしたら即面接の連絡がきました。

しかし、デザイン会社は残業が当たり前の世界であったことから、息子のことを話して残業はできませんと伝えると、どこにいっても難しい顔をされて困りました。

そうしたこともあり、しばらく就職先が見つからない状態が続いていく中で、ひょんなことから武道の道場を始めることになりました。

実は印刷会社で働いていた頃から、人に頼まれて地域の公園で護身術教室をボランティアでやっていました。

もともと武道は自分が強くなりたいという思いだけでやっていたことであり、人に教えるつもりはなかったのですが、あるとき近所で小学生のカバンにライターで火をつけようとする変質者が現れたことがあり、その被害にあった小学一年生の男の子のお父さんが突然、家に押し掛けてきて、「師匠！　うちの息子に空手を教えてもらえんやろか？」と頼まれました。

初対面でいきなり私のことを師匠と呼ぶ年配の男性に戸惑いながら、近隣の空手道場へ入門されることを勧めたのですが、そのお父さんは息子の師匠は私でないとダメだと言われ、困ってしまいました。

その理由となったのが同時期、近所の商店街でシャブ中のヤクザが無差別に暴力を振って暴れまわるという事件が発生し、そのとき現場に居合わせた私は巻き込まれて、ヤクザと大立ち回りをやらかす羽目になったことでした。

押しかけてきたお父さんは、その噂を聞きつけて、ずっと私のことを探していたようで「ヤクザと喧嘩した師匠に教えてもらいたいんですわ！」と言われ、そのお父さんの押しの強さに断れなくなり「私は趣味でやっていますので、日曜日に公園で自主トレをしていますから、そのときに一緒に稽古するということなら……」と言ってしまったことから、その後、毎週日曜日に護身術をボランティアで教える青空教室が公園で行われることになりました。

しかし、その護身術教室も無職になったので続けられないため、断りにいきました。するとも、教えていた子どものお父さんが「師匠！　ちょうどいいじゃないですか！　道場やりましょうよ」と言われ、それを聞いた妻からも「今までと同じことをするより、周囲から求められていることをやったほうが良いかも」と言う話になり、その後は周囲が道場の場所を見つけてくれて、チラシの配布なども手伝ってくださり、本当に流れるままに道場を始めたというのが実感です。

それが結果として護道や介助法へ繋がっていくのですから人の縁は不思議です。

○当時から診断は一年半待ちだった。必死でやれることを探した

流れるままに道場を初め、その他の時間はマッキントッシュを購入して家でＳＯＨＯワークを始めることになりました。

とはいえ、息子の将来の事や安定しない仕事の事などを考えて、自分自身が半ばうつ状

態でしたので、この頃はとくに妻に随分と迷惑をかけていたと思います。

当時、ひどいときは外に出る気にもならず、トイレに三十分くらいこもっていたこともあったのですが、幸い道場を始めたことで強制的に運動をしなければいけない状態になったのが功を奏しました。道場で身体を動かしているうちに徐々に元気になっていき、精神が安定してきました。まさに身をもって身体を整えることの重要性を体験していたといえます。

そんな状況の中で息子は松心園（現・大阪府立精神医療センター）というところに行きました。当時、そこでしか自閉症の診断をしてもらえなかったため、予約だけで一年半待ちという状態でした。

そして、「発達に遅れがありますね」と言われ、結果的に七歳になったときに改めて自閉症と診断されました。

その自閉症の診断が下りるまでの間も暗中模索の日々が続きました。息子は地域の療育教室に通いながらも地域の保育園に入園することになりました。

発達障害のことに関してまったく無知だったので、図書館で療育や特別支援に関する本を読んだりしましたが、息子への対応は上手くいきませんでした。

絵画療法の本を読んで、絵を描くように促してみたこともありました。当時、私が人に教えられることは武道とデザインしかないと思っていたのですが、最初、全く絵を描こうとしませんでした。

それどころか鉛筆を手に持たせるとポーンと投げる始末。それを私が走って拾ってきて、また持たせるということを繰り返していました。

半ば強引に鉛筆を持たせては、手を添えて線を引いたり、円を描いたりしてみせましたが、バタバタと暴れたり、力を抜いて寝転んだりして、座り直させるために手を離すと、また鉛筆を投げるといった状態でした。

そうした日々が続いて、これはもうだめだな……と諦めかけたときに、急に息子が鉛筆を手にもって紙に、点々を描き始めました。何故、描き出したのかわかりませんが、テンテンテンテン！　とリズムよく点を打ち出したので、そっと手を添えて線を引っ張ったら、今度は、サー！　っと真似して自らの意思で線を引きました。

我が子が紙に描いたたった一本の線。同じ年頃の子どもなら誰でもやっているようなことですが、そのときの感動は今でも覚えています。夏の暑い日でセミの鳴き声が響き渡っており、そのセミの声に紛れるように息子を抱きしめて泣きました。

そこからの息子の絵の成長はとても速く、その後は絵に関して描き方などは教えていません。

いわゆる発達の段階でいう「頭足人」（とうそくじん）という丸に髭のように見える手足がついた絵を描きだしたかと思うと、あっという間に形のある絵を描くようになりました。

その成長は、まるでダムで堰き止められていた水が放流によって、バーッと一気に流れ出したかのようでした。

自閉症の当事者であり、作家である東田直樹さんの本に、子どもの頃に東田さんのお母さんが手を添えて字を書く練習をされ、手を添えられていても「自分は字を書けるんだ」と思うようになったことが書かれていました。プロンプトをされながらでも「できた」という成功体験の必要性を知り、もしかしたら、それに近い感覚を息子に与えることができていたのかな？　と感じたりしました。

このことは武道に置き換えると「型」の稽古方法に通じています。自分一人で自由にやれと言われたら、なかなか難しいものです。トレーニング無しで試合に出るようなものなのでいきなり「フリーファイトでどうぞ」と言われたら、なんの経験もない人の多くは戸惑います。できることや思いつくことが限られているので動きも単調になります。

また実際には相手からの攻撃や妨害もあるため、うまくいきません。そこで攻防の基礎となる型稽古が役に立ちます。

そのことは座波さんの本（『発達障害でも働けますか？』）にも書かれています。例えばサッカーであれば、まずは邪魔をされない状態でドリブルとかを練習して、それから実践を行うという順番のほうがスムーズに試合に入ることができます。だから絵も最初に手を添えて「こうやって線を引くんだよ」と教えたことは半ば強制的ではありましたが、有効であったのではないかと感じました。

そして、もう一つ、子どもは親の覚悟を見ているということです。子どもは生半可な関わりに対しては反応が薄いときがあります。まだまだ余裕があるだろうと察知しているような気がすることもありました。これは息子に限らず、もう限界だと感じたときに、それまでの壁が崩れ去り、ふと扉が開くときがあります。

覚悟をもって向き合っていれば、それはいつか必ず子どもの心に伝わると感じています。

○「完全に自由にさせていればいい」は違うのではないか

当時は自由にさせていればいいという風潮もありました。

先天的な脳の機能障害で一生治らないと言われており、療育や支援の専門的なスキルや知識のないものが自身の誤った判断で関わることで、それがトラウマになって二次障害を引き起こし、大変なことになるという専門家もいました。

しかし、それから歳月が過ぎ、息子や介護士として関わりのあった子ども達の成長をみてきた結果として、自由に野放しにすることはダメだと感じています。

とくにそのことを顕著に感じる出来事がありました。

就学前に息子は妻に連れられて地域で行われていた絵本の読み聞かせ会に参加していました。そこに同じように自閉症で知的障害のある男の子のTくんがおられました。読み聞かせ会では息子とTくんの二人は落ち着かず、走り回っていたようです。その後、息子は地域の学校に進学しましたが、Tくんは地域から離れた某大学付属の特別支援学校へ行くことになりました。

その某大学付属特別支援学校は入学者の人数制限をしており、親子で面接を受けて選ばれた障害児だけが通うことができるそうです。Tくんのお母さんは特別支援学校に我が子が選ばれたことをとても喜んでおられたようです。その後、地域でTくんの姿を見かけることはなくなりました。

しばらくして、私が放課後等デイサービスでヘルパーとして働くようになったときに、偶然Tくんがそのデイを利用されており、某大学付属特別支援学校へお迎えに行くことになりました。学校へ行き、下駄箱の前で待っていると引継ぎのために現れた教員から「今日も変わったことはなく、自由に過ごされていました」と言われました。すると遠くの廊下を全裸で走っているTくんの姿が見えました。その後、服を着せられて教員二人に挟まれるようにしてやってきましたが、送迎車に乗り込むとまた服を脱いでしまいました。

Tくんは幼少時の多動に加えて他害行動も起こすようになっており、気に入らないことがあるとヘルパーの髪の毛を引っ張ろうとしていました。

デイに車でお迎えにきたお母さんへ日中の様子をお伝えていると、いきなりTくんはお母さんの髪の毛を引っ張り出しました。しかし、お母さんは「痛い、痛い」と小声でいうだけで手を抑えて抵抗する様子もなく、ただ耐えていたので驚きました。

私はTくんが、それ以上髪の毛を引っ張れないように手を掴みながら、手を放すように指を開かせるとTくんは驚いた顔をして私を見ていたので、「Tくん、嫌なことがあったのかもしれないけど、人の髪の毛を引っ張ってはいけない」と注意しましたが、お母さんが、すかさず、「大丈夫です！　私が悪いのです」といってTくんをかばっていました。

そのデイを利用している子どもの中で特に問題行動が多い児童に共通していたのは、皆、その某大学付属の特別支援学校の生徒だということでした。

当時、問題行動に対しては行動療法が療育のスキルとして知られており、ヘルパー仲間の間では、その学校が採用している過剰に反応せず見守る「消去」という方法がうまく機能していないのではないか？　という話になっていました。

月日は流れ、私は別の法人が運営する障害者のグループホームやガイドヘルパーの仕事をするようになっていました。ある日、ガイドヘルパー業務を終えて、最寄り駅まで帰ってきたところ、駅前で大柄な男性が女性の頭を掴んで振り回している状況に遭遇しました。慌てて止めにはいると、女性が髪の毛を掴まれて引きずり回されながら「大丈夫です！大丈夫です！」と私に向かって叫びだしました。

そこで、ふと髪の毛を掴んでいる男性の顔を見るとTくんだったのです。大きくはなっていましたが、面影が残っていました。

思わず「Ｔくん！」と声をかけると、髪の毛を掴まれて押さえつけられている女性が顔を上げられました。Ｔくんのお母さんでした。

私が「以前デイのヘルパーをしていた廣木です」というと、お母さんは今にも泣きそうな……それでいて、ホッとして笑っているような……何とも表現できない表情をされていました。

私は以前のようにＴくんの手を掴んで髪の毛を離させましたが、Ｔくんの手の中には、かなりの髪の毛が握られていました。

Ｔくんは私のことを覚えていたのか、自分から私の手を握って歩き出しました。そこから、しばらく散歩に付き合わされることになったのですが、歩きながら、Ｔくんのお母さんから様子をお聞きしていました。

服薬をはじめてから、食事量が増えて身体がどんどん大きくなったことや、特別支援の高等部に行くようになったが、一向に他害行為は治まらず、力も強くなってしまったので対応が大変だということや、こだわりが強く、夜もなかなか眠らないなど、そうした話を伺いました。また特別支援学校では暴れても様子を見るだけで、パニック時に具体的な対応はとっていなかったようでした。

結局、その出来事があって以降、Tくんやお母さんを地域で見かけることはなく、今はどうされているのかわかりません。とても複雑な気持ちになったことは今でも覚えています。

こうした経験も踏まえて、自由にさせていては親や家族との共存すら難しくなっていくという危機感を持つようになりました。

○絵を通して成長していった

息子は絵を描くようになってから集中力もどんどんついていき、時間をかけて大きな絵を描くこともできるようになりました。

私も子どもの頃に絵画教室に通っていたことがありましたが、息子に対しては、具体的な絵の描き方などは教えませんでした。

しかし、絵の具を使って絵を描かせてみたら、同じ紙に絵の具を重ねて塗っていくので真っ黒になっていました。

「セカイ」 2013年

「アニマルランド」 2013年

「動物曼荼羅」 2014年

息子自身は絵を描いて作品を作るといった意識よりも、純粋に紙の上に表現することを楽しみながら遊んでいたのだと思いますが、その頃になって絵の先生をつけました。

その絵の先生はハイチ出身のアメリカ人画家でした。アトリエに行くと息子は絵の具を混ぜたかと思うと自分の腕に絵の具を塗りたくり、自分の腕を真っ黒にしてからアメリカ人画家の先生の腕の横に並べて「いっしょ」と言いました。この行動には、その先生も私たち家族も驚きました。

また先生は基本的には英語で話をしており、当時の息子も英語はもちろん日本語も単語を発する程度でしたが、不思議と通じ合っているようでした。先生は「アートに言葉はいらない」と言われていました。

その先生を通じて息子の描いた絵がニューヨークのウェストベスのギャラリーで展示されることになり、日本でも新聞に取り上げられてグループ展を開催したこともありました。

また学校の先生方が絵を描くことを見守りながらサポートしてくださったことも大きかったと思います。小学校の頃は絵日記で評価をしてくださり、中学や高校の頃は美術部にも所属していました。そして、公立のデザイン専門学校へ進学することにもなりました。

そうした様々な経験を得たことが、今の息子の絵画を通じた活動につながっています。

今となっては、息子に絵を描かせたことはよかったと感じています。それは、息子自身が絵を描くという自己表現の方法を得たことで、エネルギーを発散して落ち着くようになり、周囲とコミュニケーションをとるツールとして活かせるようになったことで自己肯定感を高めるきっかけになったのではないか？　と感じることがあるからです。

何でもいいので何か本人ができることを見つけることができれば、子どもが落ち着くきっかけに繋がる可能性があるのではないかと感じています。

○特別支援ではないコースにこだわった進学

息子の進学の話をしておきます。

その前に「お子さんはどういう感じでしたか？」というご質問も受けることがありますが、それは「どの程度でしたか」ということだと思いますので、改めて診断名でお伝えすると、自閉症で重度の知的障害で療育手帳ではA判定でした。

その他、多動で異食があった話などは、これまで書いてきたので省略させていただきます。

幼児期は妻がスピーチクリニックにも連れて行っていました。有料で高い費用がかかりました。我が子に障害があると言われた親は不安になるので、医者や専門家と呼ばれる人に頼りたくなるものだと当時を振り返り感じています。

またスピーチクリニックを通じて臨床動作法などを知り、そのセミナーにも息子を連れて参加させていただきました。セミナーも高額でしたが、臨床動作法を通じて姿勢を整えることや身体を緩めることの必要性について武道との共通性を感じ、息子のパニック時の対応へのヒントを得ることができました。しかし、セミナーに出たのは一度きりで、あくまでもヒントを得たというだけでした。

あと小学生になってから公文に通わせたこともあります。当時、発達障害の子どもの学習面を伸ばすことができるという宣伝をしだした頃でした。

実際に地域の知っている障害のある子どもの中に学習面で発達した子どもがいます。その子の場合は、お母さんが公文の先生であり、我が子に対して徹底的に公文を教えたことで学習面が伸びて、結果的に一般入試で大学に合格されました。

しかし、うちの息子の場合は公文に行ってもうまくいきませんでした。教室で立ち歩く息子に対して、公文の先生がさじを投げていました。

ただ公文の先生が、息子の対応に手を焼いて、席に座らせるために「これでも聴いておけ」とラジカセにヘッドフォンをつなげて英語のCDを流したことで息子は英語を聴くようになりました。こうした公文での息子と先生のやり取りは、同じ公文に通わせていた年子の娘から報告を受けていました。

おかげで英語がすごく好きになって、英語のCDを聴いている間は落ち着いていたようです。

ちなみに息子が小学校を卒業して中学校へ進学する際に、特別支援学校に行かせなかった理由の一つは、進学先の特別支援学校には英語の授業がなかったことでした。

結局のところ、公文で伸びた子の場合も、公文がよかったというよりは、親が必死で教えたことがよかったのではないかと感じています。

○親が頑張ればそれだけの成果は出る

よく発達障害は親の責任じゃないと世間では言われています。特に先天的な部分や原因

不明の部分についてはそうかもしれません。ただ成長していく過程において、その後の子ども達がどうなるかについては

親の影響力は大きい

と感じています。

最大の環境は場所ではなく「人」であり、良くも悪くも子どもにとっての最大の環境は「親」だと感じます。

ですから、親が頑張っているところは頑張っているなりの成果が出ているといっても過言ではないと思います。昔から「子は親の鏡」と言われていますが、それは障害の有無に関わらず、子どもをみたら親が分かります。めちゃくちゃ頑張っているというお母さんがおられるところでも、荒れているような場合もあります。その場合、お父さんが子どもに関心がないとか、家庭内で虐待しているということもあります。そんなお父さんならいない方がよいという意見もあるかと思いますが、ともかく、親の関わりは子どもに大きな影響を与えることは確かです。

うちの場合、重度の知的障害と認定されながらも息子が小学校、中学校、高校、専門学校とずっと地域の学校に成人するまで行き続けることができたのは、自分で言うのはおこがましいですが私や妻が親バカで、それなりに努力してきた結果だと感じています。

少なくとも中学校卒業後は特別支援学級もないため、高校からは特別支援学校に行くしかない人が多い中、その都度、どうしたらいいかと頭を悩ませながら、親子で課題に取り組んできたことによって、ずっと一般の学校に行き続けることができました。

○一般の学校に通い続けた理由は親亡き後の未来のため

地域の保育所から小学校へ入学する際に、最初は特別支援学校も選択肢として考えていました。

しかし、これは親のエゴと言われるかもしれませんが、当時は親亡き後の息子のことを考えて不安だったので、そのことを第一優先していた部分がありました。

「もし自分が死んだら、おーちゃんどうなるだろう？」

今にして思うと、まだ保育園児の息子を目の前にして、そんなこと思うことを自体が変だとは思いますが、そんな心配をしていました。

特別支援学校に行き、特別な支援を受けた先の息子の未来は、どうなっていくのだろう？　障害は一生治らないと言われているが、そこに託せば、息子は親亡き後も一人で生きていけるようになるのだろうか？　と、そんなことを思い悩んでいました。

○いい先生に巡り会っても、先に死ぬ

息子の進路に悩んでいたときに、こんなことを考えました。

仮にもしも特別支援学校に、とっても優秀で息子の考えていることは何でもわかるようなスーパーティチャーがいたとしても、その当時の自分の年齢よりも年上の可能性があるため、親の私と同じで息子よりも先に先生が死んでしまうな……と考えました。

そうなるとこの悩みを解決するには、親や教師が死んでしまった後に残る同世代の子ども達や、さらに続くその次の世代の子ども達へ「この地域にはおーちゃんという自閉症で知的障害の子が生きている」ということを知ってもらわないと始まらないと思いました。

そのことから地域の子ども達に息子を託すつもりで地域の小学校へ入学させました。

結果としては、色々なことがありました。いじめられたこともあります。よく地域の学校に行くと障害のある子はいじめられると言いますが、ヘルパーとして様々な特別支援学校の子ども達とも関わってわかったのは、特別支援学校でも子ども同士のイジメやケンカのトラブルがあるということです。

そこは障害の有無に関わらず、子ども同士なので、成長の過程で起こりうる出来事であり、最初から未知の課題を恐れていては何もできなくなります。

また逆に息子の場合は友だちの頭をかじったりすることもあり、お世話をかけたことも多々ありました。

どんな子どもであっても、みんな大なり小なり、人に揉まれながら大きくなると思います。その経験を得ることで社会性が身についていくことを息子や子ども達をみてきて感じました。

失敗を恐れてしまう気持ちはわからなくはないですが、もしも本当の失敗があるとしたら、そうした成長のために必要な子どもたちの経験の機会を奪うことかもしれません。

とにかく、進学については学齢期の間は地域の同世代の子ども達の中に入れることに決めていました。

親亡き後の不安のためという親のエゴで息子を地域の学校に入れましたが、結果として息子は友だちや先生など様々な人に恵まれて成長できました。そのことに感謝しています。

第三章

社会性を育むのは特別支援の世界ではない

○「専門性」はそれほどあてになるのか？

専門性って何だろう？　と支援者になってから感じることがありました。

ヘルパーになってから、我が子の育児の際に独自に身につけたことは介護現場でも役に立ちました。特にパニック時の対応は必要でした。

しかし、ヘルパーとして学んだことは息子には使うことはありませんでした。

すでに息子は落ち着いていたので介護施設で学んだ療育のスキルを使う必要がなかったからです。

親としてやってきたこと、福祉の仕事としてやってきたことを、それぞれ簡単にまとめると
・育児でやってきたこと↓身体を整える
・ヘルパーとして学んだこと↓環境を整える
だと言えます。

ヘルパーの現場で行動療法や環境調整や予行演習などの支援のスキルを駆使している事

業所でも、パニックを起こす子はいましたので、毎回、息子と関わってきたように緊急時には介助に入りながら、時には抱きかかえて身体を緩めることを心がけていました。

そうしたことの繰り返しの中で落ち着いていき、その後、療育のスキルを使ったこちらの対応に子ども達が付き合ってくれる状況が続きました。

最初、この状況について私はお互いに衝突し合った中で信頼関係を構築できたからだと考えていました。もちろん、そうした部分もあったとは思いますが、実際には触れ合う中で本人の身体が育ち、社会性も育っていったのではないか？　と感じるようになりました。

それに気付けたのも息子の存在のおかげでした。

当時、療育や特別支援に関連する現場では「否定語や曖昧な表現は避けて、具体的に肯定的に伝えましょう」とよく言われていました。

学校や施設では「廊下を走ってはいけません」と言っても伝わらないので「歩きましょうね」「走ると急に止まれないから通行人にぶつかると危ないからね」と伝えたほうがよいと教わっていました。

しかし、息子の場合、残念ながら「歩きましょうね」と親や教師に言われても走っていました。「具体的で肯定的に」と言われても通用しなかったわけです。しかし、不思議なことに同級生の女の子が「おーちゃん、あかんで！」と言ったら、まるで魔法のようにピタッと止まることがありました。療育や支援の専門家がタブーだという完全な否定語での声掛けの定説を息子と同級生の間ではひっくり返していたわけです。

また小学校を選ぶ際には、住んでいた地域の校区にとらわれることなく、大阪市内の学校を見て回り、親バカな私たちは最終的に息子を行かせたいと感じた小学校の隣にあるマンションへ引っ越してきました。マンションの玄関を出ると、目の前が小学校という場所です。さすがに、これなら、多動の息子でも行方不明にならないだろうと思っていましたが、それでも小学生のときに二回ほど行方不明になったことがありました。すぐに見つかったので問題はありませんでしたけど……。

そんな玄関を出たらすぐに学校やグラウンドが一望できる場所に住んでいましたから、休憩時間に子ども達が遊んでいる姿を眺めることができました。

ある日、子ども達が車椅子の子どもを押しながら、全力でトラックを走っている姿が見えました。どうやらレースごっこをしているようでした。そして、コーナーでは、転倒するか？　と思うような勢いで走っているので、ハラハラして見ていましたが、上手いこと転ばないのです。そういう子ども達の遊ぶ様子を見ていて、凄いなと感心しました。

例えば、私はヘルパーの研修を受けるようになってから、車椅子のフットレストの位置やブレーキの位置を知りました。ガイドヘルパーの屋外研修では段差での車椅子の使い方に戸惑ったりもしましたが、子ども達の車椅子の扱いは、そんなヘルパーのぎこちなさとは無縁で、自分の身体の一部であるかのようで、とても自然でした。

またこんなこともありました。

私は地域の体育厚生協会の会員をさせていただいており、年に一度、地域対抗の運動会があるとスタッフとして参加していました。あるとき、その運動会に地域に住む高齢の女性が車椅子に乗って見に来られることがありました。グランドへの入り口には溝になっている段差があり、車椅子の女性は、そこで立ち往生されていました。

私は少し離れたところで見ていました。周囲には別の地域の子ども達と保護者がいてチラチラと女性を見てはいるのですが、声をかけようかどうかと戸惑っているような感じでした。そこで入口へ向かおうとしたときに、どこからともなく息子の小学校の子ども達が、バ〜ッと車椅子の女性の傍に集まってきて、車椅子を抱えて溝を飛び越えて誘導していきました。車椅子の女性が子ども達にお礼を言うと子ども達は、それぞれの場所にパッと走って散っていきました。

ちなみに最初に戸惑っていた地域の子ども達の小学校には、障害のある子がその年一人もいない状態でしたから、本当は困っている女性を見て手伝いたい気持ちはあったけど、咄嗟にどうしたらよいのかわからなかったのかもしれません。

こうした子ども達の様子を見ていて、支援の専門家って何だろう？　支援の専門性って何だろう？　特別な訓練や勉強や資格よりも、もしかしたら生活の中での関わりのほうが大切なんじゃないか？　と感じるようになりました。

考えてみたら、私が子どものパニック時の行動を身体で受け止め、子どもの身体の緊張を感じて、抱き締めながら懸命に緩めようとしてきたことも、親として本能のようなもので、育児の中で自然にやってきたことでした。

介護はもっと私たちの育児や教育や生活に即したものであり、本来は特別な専門家達が行うような高尚なことではないような気がしています。

ですから、もっと介護が教育の段階から身近になり、自然と関われるようになったら、医療的ケアが必要な方々など限定されたケース以外、ヘルパーという仕事は必要ないのではないかと感じています。

○社会性はまざらないと育たない

大阪市の小学校には、いきいき教室という放課後に学校の教室を使って子ども達を預かってくれる放課後等デイサービス（放デイ）や学童保育みたいな制度がありました。息子が小学生の頃はまだ、放デイがなかったこともあり、息子は放課後、いきいき教室で同じ学校の子ども達の中にまざって過ごしていました。しかし、今は放デイが沢山できるようになり、障害のある子は学校で過ごすよりも放デイに預けられるケースが多くなったと感じています。

ともかく、息子の場合は放デイがなかったので、いきいき教室に通っていたのですが、学校の授業が終わると、いつも息子をいきいき教室まで連れて行ってくれる女の子がいました。

お世話になっていたこともあり、卒業式のときに、その女の子のお母さんに「いつも、いきいき教室まで息子に付き添っていただいていたようで、ありがとうございました」とお礼を言ったら「こちらこそ、おーちゃんのおかげで助かりました」とお礼を言われました。その理由をお聞きすると、その女の子は小学校五年生からの転校生だったのですが、以前いた学校ではイジメが原因で不登校になっていたそうです。けれども転校してきて、息子を見た瞬間に何故か私が面倒みなければというスイッチが入ったらしくて、「おーちゃんをいきいき教室に連れて行かなきゃいけないから学校に行くわ！」と言い出して卒業まで学校に通うことができたと感謝されました。

私達家族からすると、ずっと面倒をみてもらっていると思っていたのですが、意外なところで息子の存在が役に立っていることもあるということを感じた出来事でした。

結局、障害のある子にとっても周囲にとっても、社会性というのは、まざらないと育たないのではないでしょうか？　障害の有無で学校や社会を分けていたら、どこで、お互いの存在を知ることができるでしょうか？　様々な大人の都合で子ども達同士の社会性を育む機会が奪われるような結果になってはいないでしょうか？

これまでの息子や地域の子ども達の成長する姿、そして介護士として関わりのあった障害のある子ども達の状況を見てきて、本当に子どもに対する専門性を持っているのは実は子ども達自身なんじゃないかと感じています。

○誰かのために何かを補おうとするとき潜在能力は向上する

息子が小学校五年生のときの運動会でリレーの際にクラスの子ども達がトラック一週を走っているところ、息子は半周だけ走ったことがありました。なぜ半周だけしか走らなかったかというと、息子には人と競争するという概念がなく、ゆっくりと走ってしまったり、コースアウトをすることもあり、周回遅れになって他のクラスと大幅に差が開いてしまうからです。ですから、半周だけ走るという特別扱いは学校の先生が考えたクラスの子ども達への配慮でした。

ところがクラスがそのまま六年生に繰り上げされて、また運動会が近付いてきたときに、先生が五年生の時と同じように半周を走ることで息子が参加するという提案したところ、クラスの子ども達から「おーちゃんだけ半周しか走らんのはずるいわ！」と言ったそうです。「なんで一周、走らせへんの？」「おーちゃん、追いかけたら逃げるときとか、めちゃくちゃ速いで！」という意見が相次ぎ、息子も反論をしなかったため、クラスの子ども達の意見を聞いて息子も一周走ることになったようでした。

そして、運動会のリレー当日。残念ながら息子の走る速さは変わっていませんでしたが、コースアウトやよそ見などをしなくなったのは成長を感じました。けれども息子が一周走ったことにより、昨年度より大幅な差が開きました。息子のがんばりを喜びつつも何だか家族で申し訳ないような気分で見ていました。

しかし、何も変わらなかったわけではありませんでした。「おーちゃんも一周走らせよう」と言った周囲の子ども達が変わっていたのです。息子が走ることで、それを補うためにクラスの子ども達が真剣に走るようになり、クラスの子ども達のタイムが伸びていたのです。

差が開いていた他のクラスとの距離は、どんどん詰まっていき、最後は一位と二位が競り合う状態でゴール。クラスの子ども達も誇らしげで、見ていた保護者も教師もみんな感動し、私たち家族もホッとしました。

その後、ＮＨＫの「プロフェッショナル」という番組で、藤沢和雄さんという競馬界で伝説の調教師と呼ばれている方が出演されている放送を見ていました。速い馬は燃え尽き症候群を起こして限界に突き当たることが問題になっていたそうですが、藤沢さんは遅い馬と共に走らせることで、その問題を解決したと言われていました。

従来の競馬では、速いサラブレッドを育てる一方で、足の遅い馬は柵の中に入れてレースから外れてしまっていたそうですが、藤沢さんは遅い馬の檻を開けたそうです。そのことによって、遅い馬を引っ張っていこうとして、速い馬が燃え尽きなくなり、群れとして全体的に速くなったといわれていました。

司会をされていた脳科学者の茂木健一郎さんは、そうした構造は馬の脳も人間の脳も一緒であると言われ、まさに息子の運動会と一緒だなと思いました。

多様性を認めることでお互いの潜在能力が向上するということは集団の中でしか学べないことだと感じています。

新型コロナ禍によって色々なことがオンラインになり、ソーシャルディスタンスを気にするあまり、人と人が触れ合う機会が減っていますが、いつまでもコロナに怯えて、そうした状況に従っていたら、個々の能力自体も伸び悩むことになり、どんどん人間性を失っていく危険性を感じます。

息子の成長に関しては友だちに引っ張ってもらったことで社会性が育った部分は確実にあります。

社会での共存をテーマにしてきたからこそ、親として地域の学校にこだわりましたし、そのために、前述の「他人の生命・身体・財産」を毀損しないことは最低限の社会参加の条件として取り組んできました。小学生の間に必死で自傷・他害・パニックを治したのも、そのためでした。

人間も動物ですから、様々な人との関わり合いは必要です。みんな仲良くという意味ではなく、色々な人がいると知ることはお互いに刺激を与えることに繋がります。

学校は知識を身につける学習の場だけではなく、むしろ、そうした多様性を理解し、その中での社会性を学ぶ場であることを息子の成長とコロナ禍を経て強く感じています。

○中学校でのイジメの話と高校受験

また中学に入ってからは、高校への進学を考えていました。

大阪の高校受験では定員割れした場合、定員内不合格を出さないということになっていました。そのため、最初から定員割れしそうな学校への受験を視野にいれ、中学のときは答案用紙に名前を書く練習ばかりさせていました。学校の先生も記号問題全部にEを書くような策を与えてくれました。

中学校に入ると思春期も重なり、周囲の子ども達も小学校の頃から変化していきました。

これまで仲良く接していてくれた友だちが他のことに夢中になって関わりがなくなっていくこともありました。

そんな様子に対して息子は違和感を察知したのかもしれませんが、入学してしばらくの間、教室から飛び出すことがありました。中学の担任と特別支援学級の先生に呼び出され、息子は授業がわからない状態で、みんなと同じクラスで座らされていることに苦痛を感じているのではないか？　と言われ、特別支援級にずっと抜き出して個別対応したほうが息子の学力向上や精神の安定に繋がると言われました。

そこで実際の授業の様子を見に行かせていただきました。確かに息子は話を聞こうとはしているようでしたが、集中力が続かず、落ち着きがなく、教室から出て行こうとしていました。しかし、それは周囲の子ども達の緊張感を人一倍察知しているからではないか？と感じたので、「もう少し様子を見ていただけませんでしょうか？」と頼みました。すると「わかっていない状態で教室にいるのは可愛そう……」と女性教師から言われたので、クラスで授業中、ずっと机に突っ伏して寝ていた男子生徒を指さして、「悪いけど、あの子も授業を理解してませんよね？　何故、寝ている彼は教室から抜き出されず、わからなくても起きて話を聞こうとしている息子が抜き出されるのでしょう」というと先生方は黙っていました。

それから一週間ほどしたら、息子の教室飛び出しは無くなっていました。


当時、息子には小学校の頃から憧れているFくんという同級生がいました。Fくんの家庭は建築系のお仕事をされており、Fくんは子どもの頃から「将来、大工になる！」と宣言していました。手先が器用な彼はあるとき工作でサメのかぶり物を作ってきたことがあり、サメ好きの息子は、それを見てからFくんのファンになっていました。

中学に入ったFくんは当時、人気だったサッカーのベッカム選手のような髪型になり、眉毛を細く整えていました。ある日、家に帰ってきた息子は洗面所で自分の頭を濡らして、一生懸命に髪の毛を立てようとしており、気が付くと眉毛をそり落としていました。

Fくんのマネをしていたのです。眉毛をそった顔を見た妻に息子は散々怒られていましたが、そのとき周囲の子ども達の影響力は凄いなと感じました。

その頃、私は放課後等デイサービスでヘルパーをしていましたが、デイでも同じように子ども同士の影響力を感じることは多々ありました。デイは特別支援学校に通う子ども達ばかりでしたが、殴る蹴る噛みつくなどの他害行動や、物を投げて散らかすなど注意引きのために行う行動を見て、マネをする子ども達がいたからです。だから、眉毛をそってしまって驚きはしましたが、ベッカム選手のマネをするなら誰にも危害を加えるわけではないので可愛いものだと感じていました。

そんな中学時代でしたが、イジメの問題が発覚したこともありました。中学三年になり、高校受験を控えていたある日、クラスで息子に目隠しをして遊んでいる生徒たちの姿を担任の先生が見かけ、先生が生徒たちに注意したことで、息子をいじって笑いものにしていたことが発覚しました。

担任の先生は烈火のごとく怒られたようで、クラス全員に感想文を書かせて話し合う時間をとられたようでした。その報告を受けてアンケート用紙を見せていただきました。

そこには、様々な意見が書かれていました。ただ私が感じたことは表面的なことではありませんでした。クラスの子ども達も受験を控えて不安からストレスを受けており、そのはけ口が息子に向かっているように感じたのです。

私はクラスの子ども達へ返事の手紙を書くことにしました。これまで息子と関わってきてくれたことへの感謝と、息子自身もクラスのみんなと同じように受験することや、それに向かって努力していることを書きました。

担任の先生はクラスの子ども達にその手紙を読んでくださったようです。すると今度は校長先生から、その手紙を全校集会で紹介させていただけないかと連絡がありました。受験のストレスの影響のためか息子に限らず、どのクラスでもイジメの問題があると言われていました。他のクラスでは外国籍を持つ両親の子がターゲットになっているようでしたが、その子はイジメを受けていることを否定しているそうでした。

私は手紙を読むことを承諾し、校長先生は全校生徒に伝えたようでした。担任の先生からは、その後、ピタッとクラスでのイジメはなくなり、クラスが受験に向けて纏まり、全員が無事に高校受験に合格したとお聞きしました。

息子も特別支援学校の高等部ではなく、中学の友だちと同じように一般校を受験して、定員割れで地域の高校に入学することができました。受験後、情報開示請求をして、息子の高校入試の点数を取り寄せたところ、〇点かと思っていたら、奇跡の十四点を取っていました。これは、きっと中学の先生のE作戦が功を奏したのでしょう。

○前例がないと拒否された高校の部活と友だちの優しさ

こうして、高校に入学できたのですが、そこでも色々なことがありました。高校は特別支援学級がないこともあり、「本校では障害のある生徒が入学した前例がないので、対応できないことも多々あります」と最初は拒否反応から始まりました。例えば、中学校のときは三年間、美術部に所属していたのですが、障害のある子への対応ができる教員がおらず、前例がないので、高校では美術部には入部できませんと拒否されました。

しかし、美術部の副顧問の教員は、特別支援学校での教員経験があると聞いていましたので、おかしいなと感じて、そのことも踏まえて頼んでみましたが、意外なことに、その教員から入部は難しいと言われていることがわかりました。

息子は絵を大人しく描いているので何の手もかからない状態であることを伝え、諦めずに交渉を続けていると、どうやら拒否の理由は、息子を見ているのではなくて、次またもっと重度な障害のある子が入ってきたときに前例ができると拒否できずに困るからではないか？　と感じました。

そこでやむを得ず教育委員会へ相談に行きました。すると校長先生から連絡があり、これまでとは打って変わって、まずは体験入部として認められました。そこでの様子をみてからということでしたが、美術部の生徒達も何の問題もなく息子を受け入れてくれて、あっさりと入部が認められました。代わりに教員は美術部の副顧問をやめていました。

当初は、何かあると先生方からは「前例がない」というフレーズを使われていましたが、最終的には学校の先生とも仲良くなって、本当に色々と助けていただきました。とくに高校二年生から学校に配属された担任のS先生はお世話になりました。

また逆に生徒である子ども達は、最初から息子のことを、すんなりと受け入れてくれていました。

所謂、地域の底辺校だったことも影響しているかもしれませんが、子ども達の家族構成をみていると片親のご家庭や中には両親がおらず、祖父母と暮らしている子もおられました。

母親が再婚して、年の離れた赤ん坊の妹を放課後母親が働いている間、面倒をみている子や、家計のためにアルバイトを掛け持ちしている子や、早くから働いて家から自立して生活している子もいました。そうしたことが影響しているのかわかりませんが、息子に対して、とても優しく接してくれる子が多かったです。

息子の姉にあたる娘は地域の進学校に進み、国公立の大学に行きましたが、年子だったことから、高校の頃は文化祭や体育祭でお互いの学校行く度に、何ともいえない違いのようなものを感じました。

娘の学校では生徒が主体的に動いてイベントを成功させていく感じで、教員は傍で眺めているような雰囲気でしたが、息子の学校では教師が子ども達に指示をしないと動かないようなところがありました。

また娘の学校には沢山の保護者が見に来ていましたが、息子の学校へ来る保護者は数十人でした。

全体のイベントの完成度では差があるように感じてはいましたが、生活力やたくましさは息子の学校の子たちのほうがありました。とくに文化祭の屋台で出されていたタコ焼きなどの料理や、チケットを捌いていく手際の良さは息子の学校の子ども達のほうが上手でした。

何故なら、子ども達は実際にタコ焼き屋など飲食店でバイトを長くやっているプロだったからです。

かくして、息子は高校では個別対応と個人の目標設定の習熟度で成績をつけていただくことになり、テストは別室で別メニューで行うこともありましたが、先生方が工夫して成績をつけてくださったことで無事に高校を卒業することができました。

○特別支援教育は経済効果ゼロ？

結局、うちの息子は特別支援学校には行かずに地域の学校へ通い続けて学齢期を終えました。

その代わりに私は介護士として特別支援学校に通う子ども達と関わってきたわけですが、改めて感じたことは、地域の学校から特別支援学校へ編入するケースは多くあるのに特別支援学校から地域の学校へ戻ってくるケースはほとんどないということでした。

地域の学校に通っていた子どもが特別支援学校を勧められるとき、特別支援学校へ移ることでその子の成長に合わせて必要な支援が個別に受けられ、将来の自立と社会参加に繋がるといった説明がなされていると聞きました。

しかし、実際には、地域の学校や地域社会から抜き出して特別支援を受けても、様々な問題行動が改善して社会性が育ったので地域の学校に戻ってきたという事例を聴いたことがなく、ずっと特別支援学校のまま卒業してしまうケースが多いように感じました。

こうした状況について経済学の視点で考えたとき経済効果はゼロということになるのではないかと感じました。

何故なら、状況が改善をして地域社会へ戻ってきたという成果を上げていないからだそうです。

さらにベルトコンベア式に、そのまま障害者だけの施設へ送り込むということは、ずっと地域社会から分断し続けることになるため、自立と社会参加という名目に関してはマイナスになっているのではないでしょうか？

わざわざ通う場所まで変えて特別に支援をしても、卒業後は、いわゆる福祉業界に送り込むことにしかなっておらず、多くの地域の子ども達や人々との関わりが少ないままに人生を送ることになってしまう。

残念なことに人間は知らないと意地悪になることがあります。

例えば、息子が一人で外出していたときに地域の同級生とそのお母さんから電話がかかってきて「おーちゃんが郵便局の傍で、飛び跳ねているけど大丈夫でしょうか？」と教えてくれたことがありました。これは、息子を知っていてくれる人が地域にいたおかげだと思います。もし、知らなかったら、ただ奇声を発して飛び跳ねている男の子という風にしか見られず、スルーされてしまう可能性は高いと感じています。

そして、私は親亡き後の話ばかりしてきましたが、あまり言いたくないけど、親として他にも心配していることがありました。それは障害のある子ども達の寿命が短いというケースがあることについてでした。

多動で危険察知能力が低かった息子は、高い所から落ちたこともありますし、車にひかれそうになったこともありました。本当に運よく息子は生きていますが、そうした事故で亡くなられた障害のある子どもの話を聞いたこともあり、いつも心配はしていました。またダウン症など心臓の機能的な弱さを抱えている子どもは寿命が短いケースもあると聞いたことがあります。そして、実際に息子が大好きだった同じ小学校に通う身体に障害のあるお友だちのＩちゃんも突然、小学校四年生で亡くなりました。

当時、私はＰＴＡの会長をしていましたが、Ｉちゃんが亡くなったことは本当にショックでした。

Ｉちゃんの葬儀の際、校長先生の計らいで霊柩車を学校の校庭に入れて一周し、小学校の生徒全員で見送りました。

寝ている姿がカエルのマスコットのようだったので、同じ学年の子ども達が、かわいいカエルの絵を描いて校庭に並び、その中をＩちゃんを乗せた霊柩車が走って行きました。その後、学校へはお父さんがお礼に校庭に植樹をされ、お母さんと小学校に通う障害のある子どもの保護者一同からは小学校の子ども達の交通安全も兼ねて「無事にかえる」という願いを込めた木彫りのカエルが寄贈されました。

また亡くなってからは毎年、Ｉちゃんの誕生日会を開いていました。

のちに娘が「Ｉちゃんの学年の子はみんな優しかった」「みんなＩちゃんのことを一生忘れないだろうから、きっと、あの学年の子ども達は自殺とかする子はいないんじゃないかな」と言っていたのが印象に残っています

特別支援という名目で障害のある子を抜き出してしまうことは、実はそうした勉強では学べない子ども同士の貴重な経験や体験を、障害のある子からも、周囲の子ども達からも奪ってしまう恐れがあります。

時間とは命です。子ども達の命の時間を使ってまで行なう特別な支援と抜き出したその

場所に我が子が生きた証が果たしてどこまで残るのでしょうか？

そして、いつまで分け続け、いつになったら地域の学校や社会へ子ども達を戻してくれるのでしょうか？

結局、ベルトコンベア式に福祉の業界に流れ着き、障害者ばかりの環境の中で同じような軽作業を促され、時には何もしなくても工賃が支払われ、そして地域社会との関わりがほとんどないままに一生を終える……それが分けたことの結末になってはいないでしょうか？

健常者という言い方は好きではないですが、逆に地域社会に住む一般住民も障害のある子ども達との出会いの機会を奪われてしまってはいないでしょうか？

これは大阪府・大阪市への苦言になってしまいますが、大阪は市長が変わってから、特別支援教育の充実を目指して特別支援学校を拡大していき、一般の地域の学校では学習能力をうたい文句に、三年連続定員割れの高校を統廃合して潰していきました。

その潰された高校の中には、息子が通っていた高校も含まれており、残念ながら廃校になりました。

少子化で一般の学校の教室は席が余っていく中で、早期の検査によって発達障害と診断される子ども達が増えていますから、政治家からすれば、現状のニーズに合わせて良いことをしているという感覚だったかもしれません。

しかし、本当は、すでにある地域の一般校の余った教室を活用して生徒を分散させて、一クラスの生徒数を減らし、その中に障害のある子をまぜて特別支援教員を副担任としてつけて学校自体をインクルージョンすればよかったのではないでしょうか？

そうやって同じ地域の子ども達と一緒に育てたほうが、多様性や社会性の学びの場になり、新たな特別支援学校への建築コストも特別支援教員の人件費もかけずに済んだのではないかと思うのです。

新たに大阪市内の特別支援学校を高等部まで増築すると聞いたときに、当時の大阪市の市長と同じ会派である地域の市議会議員に上記の話をした上で、そうやって特別に閉鎖的な施設を作って分けていくと虐待が起こる可能性があると意見しました。

その後、嫌な予想は的中し、その特別支援学校に通う障害のある生徒を教師が柔道の技で投げ飛ばしているという虐待が発覚、他にも複数の教員が体罰に関わっていることが判明したことがニュースになっていました。

どんなにきれいで立派な建物を建てたところで、虐待する教師や支援者がいたら、そこは地獄でしかありません。残念ながら、人は他者の目にさらされているほうが感情的な行動を抑制できることがあります。だから、特別に作られた閉鎖的な空間よりも、地域に開かれた場所のほうがよいのです。きれいごと抜きでいえば、ちゃんと証言できる目撃者が多い場所のほうが安全です。

何度も同じことを言ってしまいますが、居場所は場所ではなく「人」です。

確かに多様な人間が交われば、違いから様々な出来事が起こることもありますが、まぜあわせないと決して生まれないドラマが必ずあります。

それを面白いと感じられる人が、本当は教師や政治家に向いているのかもしれません。

○高卒後も進学する

高校卒業後、息子を大学も行かせようと考えました。

もちろん、息子にも確認しました。息子は学校が大好きで、これまでも学校は、ほぼ皆勤でしたから、何とか行ける大学はないものか？　と考えました。

そこで、またもや定員割れしそうな芸術系の大学を探して、岡山県にある大学のＡＯ入試を受けました。入試は絵を描くことと面接だけで、事前の学校説明会では、実際に絵を描けなくても入学してから描けるようになりますので、どうぞ受験してくださいと生徒達へ話していました。

ちょうど、その頃、岡山県は障害者雇用を推進しているという話を聞いていたので、息子が大学に受かったら家族で岡山県に移住しようと考えて近くのマンションの情報まで調べていましたが、蓋を開けてみると、受験生三十一人中、三十人合格。結局、息子だけが不合格でした。あからさまに障害のある子はお断りということを突き付けられた気がして、家族でガックリしたことを今でも覚えています。

その後、妻が大学に限らず、デザインの専門学校を含めて調べはじめたことで大阪には日本で唯一の公立のデザイン専門学校があることを知りました。その学校は漫画『宇宙兄弟』の作者である小山宙哉先生の母校であり、有名メーカーのカーデザイナーなど、様々な人材を輩出していました。つまり、大阪市の運営する公立の学校でしたが、普通に受けたら人気があって通らない可能性がありました。けれどもたまたま当時の大阪市長が、市の財源で専門学校を賄うのはいかがなものか？　と言い出し、民間の専門学校に売り渡すといった話が出ていました。そのため、学校は受験生の募集をできない状態になっていたのです。

しかし、良い学校なので潰すなという市民からの反対運動が起りました。そのことによって一時的に存続が決定し、急に受験生を募集することになったのです。かなり遅れての募集であったため、定員割れが起りました。そして、公立の学校であることから定員内不合格を出さないことになっていたので、強運の持ち主である息子は入学できることになりました。


ただ入学してからは高校と同じように、本校は障害のある生徒が入学した前提がないという話になり、それから色々な誤解を受けることがありました。その都度、先生方と話し合いを繰り返し、また先生も息子との関わりの中で認識が徐々に変化していき、最終的にはよき理解者になってくださっていました。

また同級生に関して言えば、専門学校でも最初から息子を受け入れてくれている子が多かったです。そして、卒業制作として『なごみすと』を発表し、沢山の友だちに囲まれながら卒業することができました。

息子は二十歳になっていました。

成人式では会場にいた小学校、中学校、高校の友だちから声をかけてもらい、成人式後には中学時代の同級生と共にパーティに誘われて、息子は友だちに連れて行かれてしまい、親としてはちょっとさみしいなと思ったりしました。そして、パーティが終わる頃に迎えに行くと、夢を叶えて大工になっていた憧れのＦくんが「オレが一人前の大工になって、おーちゃんがイラストレーターで成功したら美術館を建ててたるからな！　競争や！」といってくれました。息子はとびっきりの笑顔で声を出して笑っていました。

その後、息子はギャラリーで個展を開催し、イラストの仕事や、様々なイベント会場で似顔絵を描いて『なごみすと』を販売して過ごしてきました。また大学の聴講生になったり、地域の町会のバスツアーに参加したり、友だちが作品展に遊びに来てくれたり、銭湯やカラオケに行ったり、旅行に行ったり、そうやって家族とこどもも社会の中で助けられながら日々を満喫しています。

ここで少し息子の姉になる娘の話をさせていただきます。

娘は国立大学の文学部に入った後に、弟のことを書いたエッセイを出版しました。

この本を読んでいただくとわかると思うのですが、息子が小さい頃にパニックを起こして大変だったということは書かれていません。パニックに関しては気づいていなかったと言っていました。私は息子が暴れだすと妻と娘に被害が行かないように、受け止めていましたが、娘はその光景を息子と私がジャレあっているると捉えていたのかもしれません。

そのことは、とてもよかったと思っています。また娘は、自分の弟がとても手がかかるのをわかっていたとは思いますが、そんな弟のことを楽しみながら関わっていたようです。

そうした娘との関わりの中で息子も成長していった部分は大きいと感じています。

娘の書いた本を読むと親の目線と姉弟の目

線の違いを感じました。

また、当然ながら息子の存在が娘に影響を与えたところもあります。娘は公立の高校から国立大学に進学しました。私は給料が安い介護の仕事をメインとして働いていましたので、国立大学でないと進学は難しいかもしれないと感じていました。ですから、「国立でないと大学に行かせられないかもしれない」と言ったら塾は夏期講習に行ったぐらいでしたが、娘は妻とあれこれ相談しながら無事に国立大学に入学しました。

娘が言うには、弟（息子）は勉強をさせたら、障害が治ると思っていたらしく、年子だったこともあり、先に学んだ教科書の内容を自分なりに解釈して、弟用に手作りドリルを作って勉強を教えようとしていたそうです。勉強をさせようとしてもヤル気を出さない弟の気を引くために、わざわざ自分のお菓子を残しておいてお菓子を餌に勉強を促すというまるでＡＢＡ（応用行動分析）のようなやり方をしてドリルをさせていました。

しかし、息子は従わず、お菓子だけを食べてしまい、しょっちゅう姉弟喧嘩をしていました。ただ結果的には、そうした弟への宿題作りが、自分の予習復習になっていたようでした。

○社会参加のためにも、パニックは止めなくてはならない

さて、息子のパニック時には家族に被害が行かないようにしながら、自身の武道経験などを踏まえて独自に対応してきたことで息子は身体が整い、落ち着くようになりました。しかし、当然ながら大きくなってもパニックを起こし続けていては、社会参加はできなかったでしょう。パニック時の対応と、パニックを起こさないための身体づくりは、本人のためにも周囲のためにも必要であると感じていますので、その話をしておきましょう。

息子が小学校三、四年の頃に急にパニックを起こすようになり、家では私に向かって殴りかかってくるといった他害行為を起こすようになりました。他害行動は、いつ起こるかわからず、例えば、食事中に、いきなりノーモーションで裏拳（拳の手の甲側）が飛んできたりしました。こうした日常生活での不意打ちは武道や格闘技をやっていても気が緩んでいるとよけることは難しく、また本人も殴るという作為や、気配がないときもあり、動きが捉えられず、殴られることが多々ありました。

それで、色々と支援や教育の資料を調べたりしましたが、具体的なパニック時の対処法が見当たりませんでした。また私自身の武道の経験として護身術などの知識はありましたが、従来の護身術は自己防衛が主体であり、弱者が強者に勝ちうるためには、相手の目を突きましょう、とか急所を蹴りましょう、とか相手を傷つけて身を護る方法ばかりでした。

当然ながら、息子に対して使うことはできません。そのため、新たに両者が傷つかない方法を考えるようになりました。そして、柔道から派生した寝技のテクニックが多いブラジリアン柔術のように、息子の攻撃を防ぎつつ、ジャレ合うようにして抱きかかえていたら、次第に落ち着きだすようになりました。もちろん、厳密にはブラジリアン柔術の組技はきっかけに過ぎず、実際には様々な武術から気功や瞑想の知識までこれまで学んできたものを駆使して、息子が落ち着くように身体をほぐしていきました。

その甲斐あって息子はパニック時の他害行為を起こさなくなりました。

息子の変化に対して、周囲からも「おーちゃん落ち着いたよね」と言われるようになりました。そして、小学校のいきいき教室の支援員のバイトをしていた大阪市立大学に通う大学院生から、「お父さん、もしかして家でおーちゃんに対して何かトレーニングをさせていますか？」と聞かれたので、パニック時にお互いが傷つかないようにジャレあっていたという話をしました。

　すると、その支援員のバイトをしている院生が、当時、大阪市立大学の先生であった堀智晴教授に話されたところ堀教授から「そのお父さん、大学に連れてきて」と言われたそうで、急に大阪市立大学のゼミで講演をすることになりました。

　そうしたら、聴いていた人が集まってきて、聴講で来ていた障害のある子どもを持つ母親から「うちの息子のために、その方法を教えてください」と言われました。私は成長と共にパニックは落ち着くものと思っていましたが、そこで学齢期を過ぎても問題になっているケースがあることや、それが福祉施設での虐待に繋がっていることを知りました。そのことで、「自分の息子との体験だけでしかない状態なので、他の子どもに通じるかはわからないし、パニック時の行動も様々だろうから、今の状態のまま、いい加減なこと教えられないな」と考えるようになりました。

　ですから、ヘルパーになった経緯は、特別支援学校の子ども達と関わることで息子に活かせるような療育のスキルを知るためだけでなく、パニック時の誘導法の研究のためでもありました。

第四章

特別支援の世界でみた実態

○放課後等デイサービスで働く

親亡き後を考えて息子を地域の一般の学校へ入学させてきたわけですが、特別支援教育には、ずっと関心がありました。もしかしたら特別支援教育に通わせたら息子はもっと伸びたのではないか？　という息子に対する後ろめたさのような感覚があったからです。

そして、特別支援教育で行われているような療育や作業訓練のようなスキルを学ぶにしても、教員免許もない私が特別支援学校の先生にはなれないので、とりあえず資格の要らない、特別支援学校の子ども達が通っている放課後等デイサービスのヘルパーとして働くことにしました。

そこで特別支援学校の子ども達の様子を観察しながら、学校の先生や保護者とのつながりを得て情報を集め、療育に関する知識を息子に活かそうと考えました。

それは息子が中学生の頃で、放課後等デイサービスが広がり始めた時期でした。

最初は主に特別支援学校の小学部の子ども達が集まるデイで働き始めました。そのデイサービスは、ＴＥＡＣＣＨ、ＳＳＴ、ＡＢＡ、ＰＥＣＳなどを採り入れた「きちんとした療育」をやっている法人でした。その後、特別支援学校の中高等部の子ども達が集まるデイに移って、そこでも働かせてもらいました。また仕事が終わった後には当時アスペルガーや高機能や軽度と呼ばれる発達障害のある子ども達を集めてコミュニケーションを教えている塾でも手伝いをすることがありました。そこでは主にＳＳＴが中心でした。支援塾に関して給料は発生せず、参加するスタッフはボランティアでした。

この当時、デイの給与は月収で九万円前後でした。

一日の流れは以下のとおりです。まず、午前中に集まってミーティングをします。その後、支援学校へ子ども達をお迎えに行きます。そして、夕方に終了するのですが、そこから送迎があり、送迎後に今日の振り帰りのミーティングがあります。すでにタイムカードは押されており、その後の残業代は出ません。休憩は一日三十分でした。その後に支援塾でのボランティアを促されます。また時々、夜に研修がありました。そこで先程紹介したＰＥＣＳなどの療育の技法をスタッフから学びました。

「本来ならこうしたスキルを身につけるにはお金がかかるのですよ。スタッフは、それぞれお金をかけて研修を受けてきています。それを皆さんは無料で習えるわけですから、しっかりと覚えてください」という風に説明を受けていました。そのため、就業時間後に研修を受けたり、運営する塾の手伝いをしたり、休日に開催されるイベントを応援したり、運営している喫茶店でコーヒーを飲み、グッズを買ったりすることを促されても、そういう世界なのか……と感じるだけでした。

ただ、そのことによって、帰宅するときは終電の時間という日が多く、拘束時間が長いのに月収は前職の三分の一になっていました。当然ながら、生活できませんので妻も仕事をして家計を支えてくれていました。

早朝のトイレ清掃や深夜のパチンコ屋の清掃のアルバイトをしたことや、休日に工場で機械のメンテナンス作業など日雇いのバイトをしたこともありました。とにかく、ヘルパーだけでは生活できないことを感じました。

正社員は少なく、現場のスタッフは当時から、ほとんど非正規雇用のパート・アルバイトばかりで運営されていました。

○授産施設で働く

またその頃、社会福祉法人が運営する授産施設でも短期間ですがアルバイトしていたことがあります。そこは当時、作業所と呼ばれていた場所が合併して、社会福祉法人に取り込まれる形で立ち上げられた障害のある利用者の就労をサポートする施設でした。のちに就労継続支援B型の施設でも正社員として働くことになりますが、このときはアルバイトとして研修を受けました。

障害者の就労に興味を持ったのも、障害のある息子が成長して学齢期を過ぎた後にそういう場所に行く可能性があると当時は感じていたからです。先々のことが知りたいという想いがありました。

しかし、私が選んだその授産施設は、すぐ側のコンビニにすら知られていないところでした。そして、利用者の月収となる工賃が低いことを、その施設で働いたことで知りました。さらに、その施設では虐待が日常的に行われていました。

最初にそのことに気付いたのはパニックを起こして暴れだした利用者の男性を金髪に近い茶髪の若い女性ヘルパーを中心に数人で部屋に押し込んでいるところを目撃したからです。

利用者の閉じ込められた小部屋の中からは、「ゴッ！　ゴッ！　ゴッ！」と鈍い音が鳴っていましたが、誰もが無視して作業をされていました。

私は無視できず、気になって、その部屋の扉を開くと男性が壁に頭を打ちつけていました。それを見て頭突きをしている壁と利用者の頭の間に自分の手を差し入れながら、自傷行為を止めると掴みかかって来られたので、側面に回り込んで抱きかかえながら自傷を防いでいました。

するとー「余計なことしないでください！」と茶髪の女性ヘルパーが烈火のごとく怒って駆け寄ってきました。

しかし、無視して男性を抱きかかえながら「何故、彼はパニックになったのですか？」と問うと、ゴミを床に落として散らかしていたのに片付けなかったので注意したら暴れだしたということでした。

そして、「そうやって（自傷して）この人は落ち着こうとしてるんです！　いらんことせんといてください！」と言われましたが、「自傷をしていることがわかっていながら閉じ込め続けて放置するのは過剰な身体拘束ではないですか？」というと、舌打ちしながら怒って離れていかれました。

その後、利用者の男性が落ち着くと一緒にゴミを片付けるように促しました。男性にほうきを手渡して、私が塵取りをもって構えるとゴミをはいてくれました。

その様子を女性ヘルパーは離れた場所から睨んで見ていました。

さらに別の日に、その施設の現場の主任であるスキンヘッドでピアスをしている男性が利用者に対して時々、威嚇している姿を見かけました。利用者へ対する言葉使いも気になり、ミーティングの際に、そのことを指摘すると「オレはアイツらと対等の立場でやってきたから」と笑いながら言われ、その場にいた事務のスタッフからも「○○さん（主任のこと）は利用者とぶつかり合いながら関係性を築いてこられていますから、一番利用者さんに慕われているのですよ」と言われていました。「それは（主任が）怖いからじゃないですか？」というと「違いますよ！　まだ研修だからわからないとは思いますけど……」と呆れた顔をしながら訂正されました。

その後、主任と二人で話す機会があり、利用者が暴れた際に殴り返したという話になったので、「殴り返すのはおかしいと思います。障害もあるわけだし、支援者と利用者って立場は対等じゃないですよね」というと「じゃあ、オレら（支援者）は殴られてもええんか？　オレは殴られて我慢するほどの給料もらってない！」と言われ、これが本音だと感じました。

もちろん、支援者にも人権はありますので殴られていいわけはないですが、同じく利用者にも人権はありますので殴り返してもいけません。主任は他にも「あいつら（強度行動障害のある利用者）はココ辞めたら他にいけるとこ（施設）はない。体罰に関しては親も必要性を認めているから（利用者が）施設を辞めることはない」と言われていました。もはや、そもそもの考え方が違うことを感じました。

そして、話の合間に主任は時折、空中でパンチを繰り返し、なにやら威嚇しているような感じをうけました。しかし、私には、そのパンチがとってもスローに見えたので思わず笑いながら、武道や格闘技をやっているので威嚇になっていないことを伝えると驚いた顔をして急に黙ってしまいました。本気で対等に接していると主張し通すのであれば、仮に相手が格闘家でもヤクザでも殴り合いの覚悟はあるはずです。腕力が通じないと黙るというのは、所詮、相手を見て威張っていた卑怯者だったということです。当然ながら研修後、私はその施設で働くことはありませんでした。

ちなみに当時、別の法人の施設で支援者による利用者の死亡事故が起きてニュースになっていました。パニックを起こした利用者をヘルパーが五人がかりで抑えていたら亡くなったといわれていましたが、詳しい内容がわからず、事故死のような扱いになっていました。

研修を受けていた授産施設には、その関係者と繋がりのあるヘルパーが現場にいたので、内情をお聞きしたところ、五人がかりで利用者を上から押さえつけたことで胸部と腹部を圧迫し、利用者は食べた物をもどされたようです。それでもしばらく抑え続けていたので吐いたものが喉に詰まって窒息死されたとお聞きしました。それが本当の真相なら殺人事件ではないか？　と驚いたのですが、さらに驚いたのは、その利用者が亡くなったことに対して罪の意識を持っている介護士が少なく、「彼は仕方がなかった」と言われていたことでした。

その理由をお聞きすると利用者の他害行為は激しく、あるときパニック時に傍にいた女性ヘルパーの手の指に噛みついて指を噛みちぎってしまう事故を起こしていたそうです。そこで法人はその利用者のために専門家（特別支援コーディネーター）を百万円かけて雇われたそうでしたが、パニック時の他害行為は全く改善されず、現場のヘルパーは怯えきってしまっていたようでした。ですから「ヘルパーも身を守るために必死だったので仕方がない」という結論になっていました。

福祉サービスの施設で支援者による利用者への虐待や死亡事故（ハッキリいえば殺人事件）が数多く起こっていることはネットで検索すればわかると思います。そして、それは氷山の一角であり、実際には表立ったニュースになっていない施設内の虐待はもっとあるのではないか？　と感じています。

○ガイドヘルパーになる

その後、ガイドヘルパーの仕事をしようと思うようになりました。ガイドヘルパー（移動介護従業者）は、全身性障害を持つ方、視覚障害を持つ方、知的障害を持つ方などが一人で外出することが困難なときに付き添い、サポートする介護士のことです。

当時、ガイドヘルパーに関しては無資格ではできないということがわかり、医療福祉系の専門学校でヘルパー２級（現在は介護職員初任者研修）の資格を取得してから、ガイドヘルパーとして働きだしました。

ガイドヘルパーは基本的に利用者とマンツーマンで外出して様々な活動を行う仕事でした。その活動内容は例えば就労支援施設に通う利用者をお迎えにいき、グループホームまで送り届ける場合もあれば、その間に散歩したり、公共施設のトレーニングジムでの運動やプールで一緒に泳ぐなど余暇活動に付き添ったり、精神病院への通院介助を行ったり、外食で食事介助し、銭湯などで入浴介助したりすることもありました。

そのため、ヘルパー側の都合で利用者に負担をかけているように感じたこともあります。例えばグループホームの利用者のガイドの場合、限られた時間内に個人活動に加えて、食事や入浴など複数の介助が盛り込まれていました。つまりグループホームの職員にとってはその日一人分の入浴介助と食事介助に関する負担軽減になっていましたが、ガイドヘルパーや利用者の立場からすると、ゆっくり過ごす間もなく、時間に追われながら駆け足で業務をこなすような状態になることもありました。

また週末の余暇活動として半日かけて、遠方までハイキングしたり、自転車でツーリングしたり、カラオケやボウリングに付き添い、場合によっては一泊旅行に付き添うこともありました。

利用者は一人なので複数の対応を強いられるデイや施設とは違い、マンツーマンで関われるため関係性は深まります。けれどもヘルパーも一人なので、代わりがいないという点が大変でした。例えば、色々な問題行動を起こされる方だと目を離すことができませんが、どうしても電車や施設の入場券を購入しないといけない場合に利用者の行動を把握しながらチケットを買うのは難易度が高い時もありました。

基本的に療育手帳（障害者手帳）があるので、それで介助者も含めて市営の鉄道やバスや施設などは無料だったりするのですが、ＪＲなど他の民間の交通機関や民間施設では半額や全額を支払わなければいけないところも多くありました。

あと利用者によっては、様々なこだわり行動があり、中には電車に乗ると各駅で降りてトイレへ行くという利用者がおられて、少しだけ排尿をすると我慢して止めて次の駅でまた少しだけ排尿するといった方もおられました。私は排尿排便などの生理現象はコントロールできないものだと思い込んでいたので衝撃的でした。他にも排便をしたら手で触って壁に塗りたくるので、多目的トイレで付き添い、排便後はすぐに紙で拭くように促す必要があるなど、トイレに関して様々なこだわりや問題行動のために介助が大変だったことがあります。

こうした理由でガイドの際には目を離せないので、結果としてヘルパー自身もなかなかトイレに行けないということがありました。ですから、私はガイドヘルパー業務前の食事や水分補給は控えていました。他のヘルパーの中には正露丸を携帯し、お腹が痛くなるとそれを飲んで業務終了まで我慢しているという人もいました。

ガイドヘルパーをしていて大変だった出来事は、一冊の本になるぐらいあります。

とくに対応困難な強度行動障害のある利用者に対してはヘルパーが二人分の予算がつくと聞きましたが、実際にはヘルパーの人員不足もあり、二人介助をつけてもらえるケースは少なく、マンツーマンが大半でした。それどころか利用者とガイド中に他のパニックになった利用者が突然、襲い掛かってきて、そのことでガイド中の利用者もパニックになってしまい、興奮した利用者二人を一人で抑えて落ち着くように路上で促しながら対応したこともあります。

あとガイドをしていて一番、精神的につらいなと感じたのは、一般の方々の反応でした。例えば利用者が電車の中で奇声を上げていると乗客は一斉に利用者を見て、その後、傍にいるヘルパーを見てきました。そのノンバーバルな行動から、「付き添いのオマエがちゃんとソイツを見ておけよ」という無言の圧力のようなものを感じたからです。実際に言葉に出して、苦情を言ってくる乗客もいました。

こうしたことは息子の幼少期にもあり、そのときは親としての立場でしたが、謝ることが多くありました。ただ相手の態度が度を過ぎている場合は反論し、酷いときはケンカになったこともあります。その苦い経験から、ガイドの際も確かに迷惑をかけているので一度は謝りますが、それ以上、過剰に言わせないように姿勢を整えて相手の目を見つめ返す武術の技法を使って対応するようになりました。

そんな対応をとっていた私ですが、あるとき別のガイドヘルパーの行動を見て感心したことがありました。ガイドヘルパー業務中に、同じ電車の車両の端から奇声が聞こえてきたので、声が聞こえたほうをみると知り合いの利用者が一人で大声を出しながら電車に乗っていました。

利用者の周囲には誰もおらず、一人で電車に乗っているようでした。もしかしてグループホームから一人で抜け出てきたのか⁉　と思い、心配になりましたが、私も対応困難な利用者とのガイド中であり、また離れた場所にいたので、傍に近寄っていくことができず、様子を見守っていました。

ふと乗客の反応が気になって見渡すと、ほとんどの乗客はうつむいており、誰も奇声を上げている利用者のほうを見ておらず、まるで関心がないかのように装っていることを感じました。

そして、ある駅に着いたときに利用者が一人で降りていこうとしたので、まずいな……と思った瞬間、近くの座席に帽子を深々と被って座っていた男性が、サーッと立ち上がって奇声を上げていた利用者の後ろについて、一緒に降りて行きました。

その車内で気配を完全に消していた男性はヘルパーだったのです。それを見て思わず、感心してしまいました。ヘルパーとしての善し悪しは別として、利用者への対応を周囲に委ねたら、結果的に関わろうとする人がいなかったからです。

そして、同時に福祉では当事者の社会参加と言いながら、実際には一般社会に暮らす周囲の人々が関わり方を考え、お互いが触れ合う機会を手厚い支援のもとで奪っているのではないか？　という疑問も感じました。

○講師業を通じて感じた研修の仕組み

現場のヘルパー業務を行いながら、私は医療福祉専門学校の講師としても働かせていただいていました。私がヘルパー2級の資格を取った専門学校から、「講師をしませんか?」とお声がかかったので引き受けました。

専門学校では主に障害者福祉の現場での経験談や具体的な仕事内容を教えていました。とくに現場では強度行動障害のある利用者に対する対応に困っていることから、そうした対応の事例なども教えてほしいという要望がありました。

その後、厚生労働省も具体的な対応の必要性を認識されたようで、社会福祉法人が主体となって行う強度行動障害支援者研修という研修会が全国各地で開かれるようになりました。研修は基礎編と実践編に分かれていて、私もその両方の研修を受講しました。

しかし、受講してみた内容は、既存の療育のスキルや行動療法（ＡＢＡ）がメインで、実践編もそうしたスキルに基づくグループワークであり、実際に現場で利用者が暴れたりパニックを起こしたりしたときに、どうやって止めたらいいか？　というような具体的な技術は一切教えてくれないものでした。

正直なところ、すでにスケジューリングやアセスメント、応用行動分析による個別の支援プランを考えることなどは、どの事業所でもやっていたりします。わざわざ「強度」と銘打っているのは、これまでの方法では通用しない激しいパニックや問題行動があるからであり、その対応で現場のヘルパーが怪我をして疲弊し、辞めていく現状を改善するものだと考えていたので内容は期待外れでした。

私の周囲では、そのことを感じた現場のヘルパーは多くいましたが、依然、強度行動障害支援者研修は多くのヘルパーが毎回受講していました。

その理由は強度行動障害支援者研修を受講して修了書を貰うと、そのヘルパーを雇っている事業所に加算金の手当てがつくという仕組みがあるからです。そのために事業所がヘルパーの研修費用を出して受けるように勧められているというのが現実でした。

そして、研修を運営している社会福祉法人には受講料が入ってきます。当時、大阪府だったら、一回の研修の受講料五千二百円で、八百人ぐらいの受講者がホールに集まっていましたから、すごいお金が運営する社会福祉法人には入るなと感じていました。

その後、強度行動障害支援者研修に関する授業を講師として行う機会が何度かありましたが、その際はテキストの内容を一通り行った上で、実際の現場での困りごとをお聞きしたり、自身がやっている介助法を伝えたりしました。受講者の大半はすでに現場のヘルパーでしたので、実体験を踏まえながら話し合い、体験を通じて納得して取り組んでくださっていました。ただ、その後、働いていた大阪の専門学校が閉校になったこともあり、専門学校での講師の仕事は無くなりました。

個人的に講師業に関しては、受講者が納得のできる対価で必要なことを教えているのであれば別に儲けてもらってもいいと感じています。しかし、現場が求めるものではない乖離した古いスキルを焼きまわしして伝えて、それが使えないとわかっていながら加算のために事業所もヘルパーに研修を勧め、加算の費用は全て税金から捻出されている仕組みには納得がいかない部分がありました。

○障害者グループホームでヘルパーをする

また四～六人くらいの障害のある利用者が共同生活しているグループホームで働いていました。グループホームは利用者の一人一人が様々な個性を持っておられ、それぞれに独自のこだわりというべき特性がありました。

通常は常勤のスタッフがいて、そこに調理ヘルパーが来られるといった感じでしたが、時折、調理ヘルパーが入られない日もあり、その際は一人で利用者全員の様子に目を配りながらご飯を作らなければならず、大変でした。利用者が排泄の失敗をされてトイレ介助をしている隙に、別の利用者の一人が調理前の食材を食べてしまうこともありました。また食事介助も服薬介助も一人なのでバタバタと業務をこなす状態になることもありました。

平日の日中、利用者は就労支援施設へ通われており、十六時時頃にガイドヘルパーと帰宅され、少し休憩された後、順番に入浴介助を行います。十八時三十分頃から夕食を促し、食事介助。服薬が必要な方へは服薬介助。そこからコーヒーを入れて休憩していただき、食後に入浴される方々の入浴介助。その後、利用者はしばらくリビングでテレビを見ながら過ごし、または自室で休憩されていました。

その間にヘルパーは利用者全員の洗濯物を洗濯。排便の失敗をされる利用者もおられたので、汚物がついたパンツやズボンは手洗いしてから、別の洗濯機で洗濯。二十一時前には調理ヘルパーやスタッフは帰宅されるので、夜勤としてヘルパーは一人になります。入眠前に必要な方へは服薬介助を行い、トイレを促し、自室に付き添い、消灯。

そこから、全員の様子を日誌に記入。夜中に洗濯物を干して、再度、全員の様子を確認してから、リビングにて仮眠という流れでしたが、実際にはほとんど眠ることはできませんでした。まず一段落ついた時点で深夜二十五時～二十六時頃になり、利用者の中には頻尿のために夜間二時間おきぐらいにトイレに行かれる方がおられたので、付き添っていました。

他にも夜中に起きて冷蔵庫のものをあさって食べようとする方や、キッチンで火をつけようとする人がいて、危ないために止めて、夜間はお茶など水分補給で我慢してもらったりしていました。また夜中に落ち着かなくなってウロウロとリビングへ降りてこられる利用者もいたので、自室に付き添って眠るまで付き添うこともありました。

そして、利用者の中には早朝五時頃から起床される方もおられたので、寝ている暇はなく夜勤中は徹夜でした。寝ているというヘルパーもおられましたが、そうした方は夜間のトイレ介助に付き添ってはいないと思います。夜間に紅茶が全部使い切られていたり、食材がなくなっていて、利用者の自室で食材の包装紙や食べた後が散乱していたりする出来事もありました。また過去には寝ている間に利用者が外に出かけてしまい、一時行方不明になったこともあったそうです。そうしたこともあり、徹夜で対応していました。

翌朝は七時から調理ヘルパーが朝食を作るためにやって来られました。その間に、利用者全員を起こして着替え介助をしてリビングへ集合してもらい、食事介助を行いました。ただ夜間の間に排尿や排便を失敗されている利用者もおられたため、トイレまで誘導して汚物のついた寝間着は洗剤の入ったバケツにつけておき、お風呂場で毎回シャワーをして洗い流してから着替え介助を行っていましたので、とても時間がかかりました。

そこから全員の食事介助と服薬介助を行い、就労支援施設への出発準備。その間、利用者はテレビを見ながらコーヒーを飲んで過ごし、トイレを促し介助。各自の荷物や上着をリビングに集めてからリビングで送迎のガイドヘルパーが来るまで待機。それぞれを順番に送り出し、最後の利用者を就労支援施設まで送迎して、再びグループホームへ戻ってきてから、朝の状態を日誌に記録。バケツにつけておいた排尿・排便の失敗があった利用者のパンツと寝間着を洗濯し、さらに自室の布団も全て洗濯。それを干してからカギを締めて業務終了。九時半が終了時間でしたが、時間をオーバーすることは多々ありました。

オーバーした時間に関しては、やむを得ない状況が認められたときは三十分ごとに残業代がもらえることになっていましたが、皆さんほとんど申告されていませんでした。また夜間の五時間は仮眠時間となっており、その間の時給は発生しないことになっていました。

土日祝日の勤務時間も様々で、長い時は十一時から入り、翌日の九時半まで二十二時間半勤務というときもありました。おかげさまで家事って立派な労働だなと痛感させられました。

グループホームでは対応できるヘルパーの数が限られていることから、どうしても利用者の外出制限などがあり、利用者によっては個人の自由があるとは言い難い状況でした。

また利用者の中には他害や自傷を起こす方もおられ、利用者同士のトラブルもありました。誰かがパニックになり、他害行為が始まると、それを見て興奮して奇声を上げる方が現れ、その声に反応して別の利用者が自傷行為をはじめ、これまで落ち着いてきた方まで、そわそわしだすということも起こります。例えるなら西部劇に出てくる酒場のシーンで一人が喧嘩をしだすと、そこら中で乱闘騒ぎになってしまうような負の連鎖反応が起こるのです。

それを防ぐために別のグループホームではサテライト型住居を活用しているケースもありました。

本来、サテライト型住居は、自分で自立した生活を送りたいという利用者の想いに応えるために、グループホームから少し離れた場所で一人暮らしに近い状態で生活を送りながら自立へ向けたニーズにこたえるための住居という位置づけが一般的ですが、実際にはグループホームで共同生活ができない問題行動の多い利用者を隔離して支援するために使われているようなところもありました。

そもそも一般家庭の夫婦や家族の間ですら揉めることがありますから、それだけ他者との共同生活は難しい部分があることはわかると思います。

落ち着きなく暴れる利用者、夜中も奇声を上げられる利用者、夜間も眠らず徘徊する利用者、排便・排尿の失敗を繰り返し、トイレや室内に汚物をまき散らす利用者が共同生活していると、どれだけ立派できれいな建物であったとしても、利用者のストレスは大きいのではないかと思います。

私は勤務していたグループホームだけでなく、他にも様々なグループホームにボランティアで支援に入らせていただいたこともありました。

現場で出会ったヘルパーの方々の多くはボランティア精神の溢れる優しい方々でしたが、残念ながら稀に高圧的な態度で利用者に接するヘルパーを見かけることも何度かありました。

またグループホームの利用者の多くは親許から離れた段階で生活保護の申請をして、家賃や食費を保護費で支払っておられました。

私は息子の将来の居場所としてグループホームに期待をしていましたが、色々なグループホームを見て回る中で、障害者ばかりを集めている現状の仕組みに対して、違和感を抱くようになりました。

よく福祉関係者や障害のある子を持つ先輩にあたる親たちから、「親もいずれは亡くなり、福祉に預けることになるのだから、障害のある子どもはなるべく早く親許から離して福祉サービスに託したほうが、子どもも環境に慣れることもでき、自立心も芽生え、親自身も手が離れて自分の時間も取れるようになって、心にゆとりが生まれ、子どもの将来に対する心配も減りますよ」と言われていました。それが当時、福祉で言われていた障害のある子の「自立」でした。

しかし、実際にグループホームでヘルパーとして働いてみると、特別支援学校卒業後すぐから利用者になった四十代の男性が、夜中に「お母さん！　お母さん！」と言いながら眠らないでいたりするのです。

「大丈夫、今度の土曜日になったら、実家訪問でお母さんに会えますので今日はもう寝てくださいね」と言って、男性が眠るまで傍に付き添っていました。しかし、週一であった実家訪問の回数が、月一になっていき、親によっては正月しか受け入れないというケースもあり、これは親の役割を皆様の税金を使ってヘルパーに丸投げしているだけではないだろうか？　という風に感じることもありました。

そして、夜勤中に利用者の壁に飾ってある亡くなった利用者の父親の写真を見ながら、ふと自身と息子の未来と重ね合わせて考えてしまい、何とも言い難い切ない気持ちにもなりました。

そうした経験を得て、私は一緒に暮らしていけるうちは息子と共に暮らしていたいな……と感じました。　もちろん、選ぶ権利は息子にありますので、嫌だと言われればそれまでです。また息子に好きな人ができて一緒に暮らすようになったり、他にも息子にとって良い方法が見つかれば、そのときは状況が変わっていきますが、今は息子を含めた家族で共に生きていたいと考えています。

ちなみにそのときのヘルパーとしての給与は、ガイドヘルパー業務やグループホームでの生活支援や週二回の夜勤を足しても手取りが二十万円以下でした。そのため、夜勤明けも専門学校の講師の仕事などを掛け持ちで行い、週末は道場で指導するなど睡眠時間を削って働き続ける生活を六年程行った結果、夜勤明けの帰宅中に過労と熱中症で倒れて救急車で病院に搬送されて死にかけました。

さすがに家族から、もう辞めてくれと言われ、グループホームのヘルパーは倒れた翌年の三月に契約延長をせず辞めました。

○就労支援の現場で働く

その後、サービス管理責任者の資格を取得しようと考えていたところ、うちの法人で働くと資格も取れますから働きにきてくれませんか？　と就労継続支援B型事業所のセンター長とそこで長年働いているパートの女性ヘルパーからお誘いを受けて、今度は研修やアルバイトではなく、正社員として就労継続支援Ｂ型事業所で働くことになりました。

これまでは介助法の研究も兼ねて、できるだけ強度行動障害のある方々と関わるように心がけていましたので、様々なパニックや問題行動の対応で大変でしたが、その就労継続支援Ｂ型事業所では利用者の障害区分も低く、知的障害者だけでなく、精神障害者も多かったので、これまで関わりのあった施設と比べると現場は落ち着いていました。

しかし、以前アルバイトで研修を受けた就労支援施設と同じく、日中の作業内容は袋詰めや箱折りなどの内職作業であり、その作業支援が延々と続くというのは変わらない状況でしたので「本当にみんなこれ（内職）をやりたいのかな？」という疑問は常に心の中にありました。利用者の中には事業所の創設期から、ずっと通われている方々もおられました。

また、元々一般企業で勤めていたような精神障害の利用者の方がおられたのでコミュニケーションはとりやすく、個人的には、あまり利用者と支援者という感覚はなく、休憩時間中は友人のように楽しく会話することができました。その中には身体調整や食餌療法の話を伝えたことでトリプトファンを摂取するようになり、落ち着かれて体調が回復して、就労支援Ａ型（編注：就労支援ではあるが利用者には最低賃金が保障されている）に移動された方もおられました。

その他、働いていた施設に限らず、地域の障害者関連の部会に参加させていただき、ご縁を得た他の就労支援施設に通う精神障害のある方々との関わりの中でも、そうした食事や運動の話をすると素直に実践される方がおられて一般企業に就職されて社会復帰されたりしていました。

あと精神障害のある利用者と工賃の話になった際に、実は利用者の中には生活保護を受けている方もおられ、工賃が一定額を超えると生活保護費が減額されるため、工賃を多くもらうことができないという話を伺いました。そのため事業所に相談して工賃を抑えてもらっているという人もおられました。こうした背景も就労支援施設にずっと囲い込まれ、社会復帰ができない状況を生んでいるのではないか？　と感じました。

○福祉事業者にとって、障害のある方は財源

就労継続支援B型事業所で職員をさせていただいた後、新しく立ち上げられた障害者生活介護事業所で施設長をさせていただき、そこでサービス管理責任者の資格も取得しまし

た。

施設長をさせていただいたことで、今までの現場の介護士をしているときにはわからなかった福祉のお金の流れがわかるようになりました。

とくに生活介護事業所に関しては、お金に関する部分で様々な問題を抱えているように感じました。

まず利用者は障害区分によって国保請求の際に国から支払われる金額が変わってきます。つまり、障害の程度が比較的に軽いとされる区分2や3よりも、その上の区分4や、障害が重いとされる区分5や6になるほど事業所に入る金額は大きくなっていきます。

しかし、実際にはそんな区分で割り振れるほど簡単なことではありませんから、区分3や4でも支援者からすると手のかかる利用者もおられますし、区分5や6でも大人しく手のかからない利用者もおられます。これに関しては医療モデルで区分を決めていることが影響しているように感じました。度重なる施設脱走や他害行為があるが服薬をされていない利用者は区分が軽く、てんかん発作があり、定期的に通院されて服薬もされているが普段はほとんど落ち着いている利用者の区分が重かったりすることがあり、日常生活や対人関係による困難さよりも、医療機関への通院状況や服薬の有無などが判断基準になっているのではないか？　ということです。

そのため、多くの事業所では区分が重く、手のかからない利用者が歓迎される傾向にあることを感じました。他の事業所では、あからさまに重度の身体障害のある方々を中心に集めているところもありました。もちろん、本来は事業所への入所希望の申請があった際は等しく受け入れることになっていますが、実際には手のかかる利用者に対しては断る事業所もあるのが実状でした。

また福祉サービスによってヘルパーの人員配置が決まっています。その基準は各都道府県や規模や種別によって違いがあり、時々改正もあり、数値は変わっていきますが、例えば就労継続支援Ｂ型事業所なら利用者七人に対してヘルパーを一人配置、生活介護事業所は利用者二人に対してヘルパーを一人配置すること等、事業所ごとの最低限のヘルパーの必要人数の決まりがありました。ちなみに業務兼任の管理者やサービス管理責任者は、その配置人数に含まれないとか、勤務時間が短時間のパート職員などは一週間の勤務時間から計算されるため、必ずしも一人としてカウントできるとは限らず、例えば〇・五人といった具合に数えられ、その場合はパート二人で一人として換算されることになっていました。

このように人員配置が決まっているため、利用者が増える度に、それに見合う数のヘルパーを事業所は雇わなければならないという状況になっているのです。

また利用登録者数が増えても、実際にその利用者が事業所に通所した日数によって申請できる金額が変わってきます。ですから、利用者が体調不良など何かの都合とか来所しなかったら、その分だけ国からお金が入らないことになります。

しかし、人員配置の関係で利用者が来所してもしなくても、来所に備えてヘルパーの数は揃えておかなければなりませんから、そのヘルパーの人件費分が赤字になってしまうのです。

つまり、何が言いたいかというと、国から入る財源は決まっていますから、手厚い支援をしようとヘルパーをいっぱい増やしても利用者が来所しなければ赤字になり、事業所の売り上げが減っていき、存続の危機に陥るため、多くの事業所ではヘルパーを規定に基づく最低人数で回そうとします。

そうなると事業所は重度で手のかからず、休まない利用者を増やし、同時に現場はパート職員を短時間で雇うことで人件費を抑えつつ、人員配置の規定を満たすことを考えるようになります。

この休まない利用者の確保のために、同じ法人が日中の就労施設と生活の場であるグループホームの両方を運営していることが多いことを理解しました。さらに施設間の行き来にも送迎加算が申請できます。ガイドヘルパーの事業所も併設すれば、移動だけでなく、休みの余暇活動の支援に関してもお金を得ることができるので、そうやってお金が廻っていく仕組みを作っていることを学びました。

この辺りのお金の駆け引きによって、実際には現場のヘルパー一人当たりの負担が大きくなり、施設によって低賃金で重労働といった労働環境の悪化に繋がっていることも理解できました。

つまり、福祉業界からすると利用者は財源であり、事業所の月々の売り上げ目標達成などを考えるようになっていくと、利用者がお金に見えてくるということです。

そうなると利用者本人ではなく、人の割り振りを障害区分で判断し、よりお金が取れる状態に移すことを推し進めようとするようにもなっていきます。

そのようなおかしな現象が起こっていても「事業所が無くなってしまえば、利用者は行き場を失う。それは利用者にとって良いことではない」という考えで正当性を主張している管理者もいました。

しかし、実際のところ福祉サービスなので、その事業所が無くなっても利用者は他の事業所に移ることは可能です。そう考えると本当に行き場を失うのは福祉業界にしがみつき、国からのお金を当てにしている事業者のほうではないか？　と考えるようになりました。

ただお金のことに関しては、利用者やご家族によっては誤解をされていると感じることもありました。

事業所は毎月、利用者に代わって国保連へ施設利用に関する代理請求をし、そこで事業所に入った収益を記載した代理受領書を利用者（ご家族）へ発行しなければならないことになっていました。このことから「今月は私（うちの子）が施設を利用したことで事業所には○○万円のお金が入っているんだ」と感じ、そのことで事業者に対して高圧的な態度になる利用者やご家族もありました。しかし、勘違いしてはいけないのは、これらは全て国民の税金であるということです。利用者やご家族自身が負担しているお金ではないことを理解しておかなければなりません。代理受領書の金額をみて横柄な態度になるのはお門違いであり、むしろ国保連の仕組みと国民に感謝すべきだと感じています。

あと、これは放課後等デイサービスや就労支援施設でも感じたことですが、他害行為や脱走する利用者は生活介護施設でも敬遠される傾向にありました。

　利用者の問題行動によって他の利用者の通所に影響がある場合や、ご家族がクレーマーで職員の精神的負担が大きい場合は、問題行動ある利用者やクレーマー家族のいる利用者のサービスを断る風潮を感じることがありました。

　その風潮に反して、できる限り問題行動が多い利用者の居場所になることを心掛け、利用者との関係性を築き、身体調整を行いながら落ち着いて過ごせるように現場で努力をするわけですが、学齢期を過ぎているので、どうしても時間と手間がかかります。それを遂行しようとしても法人や管理者の経営優先の考えからくる意見の相違、発達障害は治らないという知識のままのヘルパーとの支援に関する考え方の違い、パワハラやモラハラがある職場環境などの場合、利用者主体の支援などできません。

　そして、当然ですが、複数の利用者がいる福祉施設では我が子のようにマンツーマンでガッツリと関わって治していくことができないのです。福祉サービスでは、なかなか思うようにはいかないことを痛感しました。

　結局、これまでの経験も踏まえて、現状の福祉サービスでの支援は利用者のための支援ではなく、実際は支援者のための支援になっているのではないか？　と感じるようになりました。

生活介護施設に関しては年度替わりの三月末で退職することになりました。それは偶然にもコロナで世の中が変化していく時期と重なり、今振り返るとこれも何かの導きであったように感じています。

○支援制度を利用する前に知っておこう 現場の実態とお金の流れの仕組み

さて、ここまで、福祉での経験の一端を、ザッと紹介させていただきましたが、少なくとも、福祉を利用する前に、あるいは福祉に依存して一生を託してしまう前に、今の支援の現場の実態、そしてお金の流れの仕組みを知っておいたほうがいいと感じます。

あくまでも私が経験した限りですが、各福祉サービス事業としての成り立ちや実状を私が感じた違和感も含めて、改めてまとめてみました。

☆療育・特別支援学校で多用される支援スキルに感じた違和感

本人の自己選択といいながらダブルバインドではぐらかしている部分もあります。例えば、オレンジジュースとお茶の絵カード（または写真のラミネート）を用意して、「どちらがいいですか？」と促し、指差しをしたカードのドリンクを注いであげるという支援がありますが、これは自己選択ではなく、誘導であることに気付いていない支援者が多くいました。

例えば、もし炭酸飲料が飲みたいと思っていても、炭酸飲料はカードに含まれていないわけです。また「飲みたくない」という選択肢もありません。タイムタイマーを使った支援でもタイマーで時間を本人に決めさせて「約束だからね！　このタイマーが鳴ったら終わりですよ」という誘導をよく使っていましたが、これも「ずっと続けたい」ということを言わせないように制限し、コントロールするために用いられているように感じました。

同じく好子（本人が興味のあるもの）を使って、本人のモチベーションを引き出すと言ってはいますが、それは、馬を走らせるために馬の鼻の先にニンジンをぶら下げているようで、支援者（介護福祉士・特別支援教師）が本人をコントロールするためのツールと化していることがありました。子どもの中には、そうしたことを敏感に感じてカードを見せると取り上げて破ったり、カードがラミネートされていて手で破れないときはトイレに流して抵抗されていることもありました。ですから、それが本人にとって負担になっていないか？　を考える必要性は感じています。

また作業支援や手先の訓練と称して、ペグ差しやヒモ通し、組み立てパズルなど支援グッズを使って同じトレーニングを繰り返し行うことで、成長の成果とみなしていることがありました。得意げに「これだけのトレーニングができるようになりました」という支援者は多く、保護者もそれを信じて、作業訓練をしてきたので仕事ができると思われていることがありますが、そのトレーニングと実際の仕事はイコールではありませんので、そのまま通用しない場合は多々あります。さらに理学療法士や作業療法士や特別支援教育の教員が関わっていた学齢期を過ぎて、その特定の訓練を継続しなくなることで「能力が落ちた。昔はもっとできた」という保護者や支援者もおられましたが、他のスポーツのトレーニングや受験勉強と同じで何事もブランクがあると特定の能力は全盛期より衰えるのは当たり前のことです。つまり、それらの訓練が、実際の就労や日常生活での動作に直結していないケースも多いということです。

シールを貼って剥がしたり、パズルを組み立ててはバラしたり、同じような活動を繰り返すことは、ただの時間つぶしにしかなっていないと感じることがありました。ただ時間つぶしという意味では就労支援も似たようなところがありますから、そうした状況に慣れることにはなっているかもしれません。

そんな非日常的なトレーニングを繰り返すのであれば、本人が楽しくできること、趣味をみつけ、そこを伸ばしていくほうが、本人の自己肯定感も向上し、それが仮に就労に結びつかなくとも将来的に本人の生きがいにつながるのではないかと感じています。

【以下、各種サービス事業所での実状】

◎放課後等デイサービス

・児童デイの制度は二〇〇三年。二〇〇五年、発達障害者支援法「障害児タイムケア事業」（補助金制度）が創設。

・療育スキルは学べたが、無償ボランティアも多く、現場の大半がパートタイムのアルバイトであり、ヘルパーが定着しない風潮が感じられた。

・特別支援学校や特別支援学級の生徒が大半で、学校までお迎えに行き、帰りは家まで送り届ける事業所が人気であるが、そのことによって貴重な親子で過ごす時間が減少することになり、長時間の託児所と化している。

・小学部からデイに来ている子は、そのまま中・高等部でもデイに通うことが多い。そのため学齢期の親子の関わりの時間、子ども達が地域の子ども達と関わる時間も少ないまま、時間が過ぎていくことになりやすい。

・あまりにも激しく頻発する自傷・他害などのパニックや施設からの脱走行為が多い

と利用日数を減らされ、場合によっては利用を断られているケースもあった。
・デイに通う子ども達の様子から、その子どもが通う特別支援学校の傾向がわかるときがある。
・人員配置基準からヘルパーの数より利用者数が多くなるため、一人の児童に対して専属のヘルパーが付き添い、じっくり個別対応することは難しい。
・親の依存度が徐々に高くなる傾向がある。親子でしかできない身体を使った触れ合いが減っていくことで身体が育ちにくい。また愛着障害を抱えていく可能性も高くなる。

◎作業所・授産施設

・二〇〇六年、障害者自立支援法の施行によって、作業所・授産施設の多くは就労継続支援B型事業所へ移行。支援が「訓練」から工賃が問われる「就労」へと変化。
・私が見学に行った作業所は、養護学校を卒業した子どもの行き先確保のために親が集まって作られたところであった。作業所での仕事は木工製品を作られていた。そのデザインから販売サイト運営までをヘルパーがやっていたが作品はあまり売れていなかった。

・作業所が合併してできた社会福祉法人が運営する授産施設での仕事内容は組み立て作業などの内職。作業をしていなくても工賃は同額。当時は一万円と三千円。売上によって変動。そこでは現場のスタッフの質が悪く、虐待もあった。

・グループホームも運営しており、利用者は送迎車で施設を行き来するだけで地域社会に知られていなかった。

・パニックを起こした利用者を支援者が集団で押さえつけて死亡させてしまった事件に関して正当防衛と捉えているようなヘルパーもいた。

・その他、見学に行った社会福祉法人では福祉に関する資格も経験も知識もない不動産屋が余っている土地で始めたようなところや、ビル一棟の中に同じ社会福祉法人が運営するグループホーム、就労支援施設、生活介護施設があり、各階へ利用者を移動させることで出勤率を百パーセントにしているようなところもあった。

◎介護資格制度

・ガイドヘルパー（移動介護従業者）のためにヘルパー２級（現在は介護職員初任者研修）を取得（三カ月研修）。
・ヘルパー２級取得後、実務経験を得て三年後に介護福祉士を取得。（当時は筆記試験と実技試験に分かれていた。現在は実技試験がない代わりに実務者研修の受講が必要）。
・介護福祉士の資格は取得に年数とお金がかかるわりには他の国家資格と比べてベースアップが少ない。また介護福祉士のカバーする内容は高齢者介護がメインであるため、障害者も同じ資格に纏めるには無理があると感じた。
・介護福祉士資格取得後、実務経験五年を得てサービス管理責任者の資格取得に応募するが抽選制度により、二度選考漏れになり、三度目に取得。
・強度行動障害支援者養成研修基礎・実践を受講し取得。内容は行動療法や環境調整などの従来の支援スキルの座学やグループワークであり、現場が求めるパニック時の対応に関しては何も学べない。強度行動障害支援者養成研修の受講修了者がいると事業所は加算が入ることから研修内容に関係なく事業所は介護士に受講を勧めるため、研修を主催する社会福祉法人にお金が流れる仕組みになっていた。

・医療福祉専門学校で講師として障害者理解や強度行動障害支援者養成研修の講座の授業を行っていたこともある。

・福祉サービスの事業所を運営するためには人員配置の規定があり、福祉の資格者を揃えなければならないようになっている。また資格者を雇うと事業所に加算が入るため、資格者は就職がしやすい。

・介護福祉士、社会福祉士、精神保健福祉士、サービス管理責任者などの資格を取得するためには時間と費用がかかる。そのため福祉業界の異変に気付いても自身に投資した費用を回収しようとして福祉職から抜け出せなくなる。また逆に資格者でもおかしな介護士はいるが、事業所も人員配置を考慮して、なかなか辞めさせることはできない。

・複数の資格を所得している資格マニアには自信過剰で横柄な態度をとる勘違いした人間もいて、周囲の職員とトラブルを起こすケースもある。資格の有無と現場での能力は一致するとは限らない。

◎ガイドヘルパー（移動介護従事者）

・ガイドヘルパーは利用者によって、仕事としての難易度が変わる。もともとの発祥は障害があるために行けないところを無くすという差別の壁を乗り越えるためのものであった。

・地域社会で様々な体験をさせてやりたいという事務局の意向もあって、活動内容のプランが組まれるが、利用者の状態と行き先によってはヘルパーにとって物凄い試練になることもある。またグループホーム職員の負担軽減のために通院介助、食事、入浴も限られた時間内で行うこともある。在宅の利用者のガイドの際に自宅へ送り届けた後、別途、身体介助の加算をとるために入浴介助まで業務内に行うプランになっていることもあった。

・ガイドは社会との接点であり、身体を使う機会にはなるが、中にはヘルパーが歩いて迎えにくるのではなく、送迎車を使っている事業所もあった。その場合、車で移動して時間をつぶしている場合もあり、そうした対応に関して福祉業界では監禁ドライブといわれていた。

・また学齢期の利用者から土日祝日も半日ガイドの依頼が入ることもあった。最初は親の息抜きから始まっていたのが、徐々にしつけの放棄、支援者への依存状態になる場合もあり、多用しすぎると親子の貴重な触れ合いの機会が無くなってしまう危険性を感じたこともあった。

◎在宅支援（サテライト型住居）

・在宅での支援に伺う場合、家族と同居している場合とサテライト型住居の場合があった。

・サテライト型は障害者グループホームで食事や余暇活動といったコミュニケーションをはかる場所から少し離れた一人暮らしに近い状態で生活を送れる住居のこと。

・時間帯は様々。支援は主に食事、入浴、排泄介助で就眠前まで付き添うこともあれば、休日の日中のガイドヘルパー業務から送り届けた流れで入浴介助まで行なうケースもあった。サテライトは食事と入浴介助はグループホームで行うこともある。

・サテライト型は自立に向けたステップと言われているが、実際には同じ法人が運営する就労施設との行き来が長年続いており、利用者の囲い込みが続いているケースや、グループホームで共同生活できない利用者の隔離場所になっているようなケースもあった。

◎グループホーム

・基本的に同じ障害の方が少人数で共同生活を行う場所。近年は様々な障害者や高齢者との共同生活など多様化しているケースもある。

・日中は各福祉事業所に通っているパターンが多い。

・他者との共同生活では衝突が起こりやすい。強度行動障害者は断られる場合があり、おのずと行き場のない利用者が同じホームに集中するため介護士の負担は大きくなる。定員が八人以上となると報酬減算のため、四〜七人までの定員が多い。夜勤中のヘルパーは一人体制が多い。対応できるヘルパーの数が限られていることから外出制限などがあり、すべてにおいて個人の自由があるとは言い難い。
・多数の利用者を一人の介護士がみることになるため介護の負担が集中しやすい。施設がきれいでもおかしな介護士がいる施設であれば地獄。
・父子母子分離によってできることが増える場合も稀にあるが、親はグループホームに入所させると、そこで子育てが修了したと考えて任せきりになることもある。そのため、税金を使って介護士が親代わりをやっているように感じることもあった。福祉では親許から離れて施設に入所することを自立と呼ぶ傾向にある。

◎就労継続支援B型

・A型とB型の違いを簡単に説明すると、A型事業の対象「雇用契約に基づく就労が可能な方」、B型事業の対象「雇用契約に基づく就労も困難な方」となっている。
・利用者は知的障害から精神・身体まで様々。各事業所によって特色はある。主に知的障害者は特別支援学校の実習体験を得て卒業後にベルトコンベア式に送り込まれてくることが多く、精神障害者は相談支援員の紹介や障害者同士の噂で集まることが多かった。

・作業工賃の全国平均は一万五千円程度。作業内容は内職作業や農作業など様々。利用者の作業効率が悪く、その作業の納期に間に合わないときは支援者が残業して作業し、カバーしていることも多々あった。

・利用者の中にはお小遣い稼ぎと暇つぶし感覚で来ている人もいる。生活保護を受けている利用者の場合、工賃によって生活保護費が削減されないように工賃のベースアップを断っているケースもあり、事業所にとっても利用者の囲い込みになるため、協力的に調整していることもある。

・手がかかる利用者への対応は人員的にケアできない状態。作業には納期もあるため、そちらが優先される。他害や脱走など事業所にとって問題行動を繰り返す利用者は敬遠されやすい。

・就労支援で成功している有名な事業所もあるが、大半の施設はあまり変わらない印象。支援者の入れ替わりの激しい施設では、パワハラやモラハラが横行している場合がある。ヘルパーの支援の質が低く、現場はできるヘルパーから辞めていくことが多い。

◎生活介護事業

・日中の入浴・排せつ・食事介助、調理・洗濯・掃除等の家事、日常生活上の支援、創作的活動・生産活動の機会の提供、身体機能や生活能力の向上のために必要な援助。通常、区分3から利用可。（区分2でも特例として利用可）。主に区分5〜6の利用者を集めないと金銭的に事業所が廻らないようになっている。人員配置は利用者二人に対して介護士一人（規模や申請基準によって変動あり）であることから就労支援よりは手厚い支援が可能。

・就労支援と同じく国保連へ事業所から代理請求し、本人（ご家族）へ代理受領書を発行しなければならない。このことから利用者側が施設を利用してやっていることでお金が落ちていると感じ、勘違いした利用者やご家族が事業者に対して高圧的な態度をとってくるケースもあったが、これらは全て税金であり、利用者やご家族側も自身が負担しているお金ではないことを理解しておかなければならない。

・区分と通所日数により金額が変わる。管理者は運営維持のため売り上げ達成を求められる。事業者としては一番実入りのいい「区分が重くて手のかからない人の安定した通所」を求める。そのことからお金儲けを考える事業者はグループホームの運営も含めて利用者の生活全般の囲い込みを考えるようになる。

・表向きは福祉だが「サービス」でもあるため、他害行為や脱走などの問題がある利用者によって、施設に通う他の利用者の通所に影響がある場合や、ご家族がクレーマーで職員の負担や離職に影響がある場合は、その利用者のサービスを断る可能性がある。優先順位は利用者ではなく事業所の存続である場合が多い。

第五章

身体への働きかけ試行錯誤

○我が子に関する試行錯誤

この章では、まず我が子に関して行ってきたことをご紹介します。

ATAメソッドという身体に直接触れながら意識を通していくという方法があり、考案者の阿多義明さんが書かれた『自閉症の治し方』（スーケ）という本が出版されています。この本を妻が見つけてきて、それを読みながら実践していました。当時は嫌がって涙を流す息子の姿を見ながら、虐待になっていないか？　と心配もしましたが、感覚に刺激を与えていくことの重要性を感じていたので、夫婦で行っていました。

面白いなあと思うのはこの頃から自閉症を治すということをATAメソッドでは言い切っていたことです。この方法は後に神経発達症と知ってから振り返ってみると良かったのではないかと感じています。

あと臨床動作法を知ったことで、姿勢を整えることやリラックスすることの大切さを再確認することができました。臨床動作法自体はセミナーに一度、参加した経験しかありません。あとは本を読んだだけで、それ自体を行うことはやっていませんでした。

食事に関しては、息子の偏食を治そうとして妻がマクロビオティックの本を購入して、やり始めたことがありました。そこから栄養学に関する本も増えていきました。ある日を境に食卓から一切、肉がなくなったときがあり、肉好きの息子にとっては厳しい状態だったと思います。息子はマクロビに変わった瞬間に家でほとんどご飯を食べなくなり、心配になりました。しかし、飢えが続いた息子は学校給食を食べ始めました。学校の先生や周囲の友だちにも促されて苦手なものも食べるようになり、結果として偏食はウソのように無くなり、なんでも食べられるようになりました。

これはマクロビオティックの効果とは言い難い結果ではありますが、このときある程度の飢えも大事だなと思いました。ただし食べ物を与えないことを推奨しているわけではないので誤解なきようにお願いいたします。

ただ逆に「可哀そうだから好きなものだけを好きなだけ食べさせる」という方針のご家庭もありましたが、その場合、偏食が治らないだけでなく、今度は過食で肥満になっていました。また所謂、甘やかし状態が続くと習慣性の情緒障害になり、ちょっとしたことでパニックになり、手のつけられない状態になる危険性を感じています。そうなると障害の特性ではなく、親の育て方の責任も大きいと言わざるを得ませんので気をつける必要があります。

あとは絵画療法の本を読んで、息子に絵を描かせたのは本当に良かったと思います。絵画が良かったのではなく、本人が自己表現できる方法を身につけることができたことで、心身の安定やストレスの発散ができ、また周囲から「絵が上手だね」と言われることによって自己肯定感の向上に役立っていたと感じるからです。だから音楽を教えられる親は楽器を演奏したり、身体を動かすことが得意な親は一緒に体操したり、勉強を教えることが得意なら一緒に勉強するなど何でも良いと感じます。重要なことは、子どもに何かをさせるのではなく、まず親が模範を示し、一緒に取り組む姿勢ではないかと感じています。

そして、私は武道をやっていたので、パニック時に独自に考えた「抱きかかえ」を通じて力のコントロールを間接的に伝えたり、眠る前に気功の導引体操を行ったりしていました。

こうした身体調整に関しては、花風社の本を買って読んでいただきたいと思います。

武道や気功の知識を応用して、手をこすり合わせて温めてから目に当てる、顔の皮膚をゆるやかにこする、筋膜はがしという皮膚を軽く掴んで捻じる動作や、手をブラブラと前後に振るスワイショウなど、血流を促進し、身体を緩め、整えていくための方法を活用していました。

それと今まで記載してきたように、地域の子ども達との交流による影響は息子にとって、とても大きな刺激であったと感じています。

○介護福祉士として覚えたことは、我が子には使わずに済んだ

次にヘルパーになってから学んだことは、応用行動分析（行動の前後を考える）、構造化（過ごしやすい環境を整える）、絵カード交換システム（絵カードでコミュニケーション）、支援グッズの使い方（イヤマフ・iPad・タイムタイマー）、ＳＳＴ（予行演習）、遊戯療法（感覚統合遊び・シーツブランコ・バランスボール）などでした。

こうしたスキルに関しては、結局、息子には使いませんでした。何故なら、息子はすでに落ち着いて過ごせていたから必要がなかったのです。

環境が変わっても、予行演習がなくても、それなりに対応していましたし、二語文ではありますが、意思を言葉で伝えることもできるようになっていました。自傷・他害・パニックもなく、ニコニコと笑顔で過ごしていましたから、使う機会がなかったのです。

○育児でやってきたことは、支援の現場でも必要だった

その逆に育児でやってきたことは、支援の現場でも必要でした。

とくに驚いたことにパニック時の対応は、どの現場でも使う機会がありました。当初、私の考えでは、特別支援や療育のスキルに関して本で読んだ程度の知識でしたので、そうしたスキルを多用している支援の現場では、育児の際に模索してきたような実技は使わずに、未然にパニックが起きない状況になっているかもしれないな？　と考えていました。

そうなれば介助法としての対応は不要になります。しかし、実際には構造化などがしっかりとされている施設でもパニックを起こす利用者はいました。

自閉症で発達障害のある作家の東田直樹さんの著書を読んだときに、環境を整えてもパニックは起きることがあると書かれていました。

そのため、パニック時には独自に開発した「ちょっと待って」というポーズである護道構えを使って、自身の身を守りながら、相手の側面や背面に回り込み、「抱きかかえ」という方法を行っていました。相手をハグすることで行動を制限しつつ、力を発散させてか

ら身体を緩めて落ち着かせていく方法です。

そうしてパニック時に何度か「抱きかかえ」をしていくうちに息子の時と同じで落ち着いていく利用者が現れました。しかし、そのときは私自身も「抱きかかえ」の本当の効果について気づいていませんでした。

福祉施設では、パニックなどの問題行動が起きてしまった後、アセスメントやモニタリングの記録を踏まえて「何故、行動を起こしたのか？」の背景を分析します。そして分析した仮説に基づいて、予防のためにパニックが起こらないように統一事項を決めます。例えば利用者が安心できるように個別のスケジュールで見通しを立て、過ごしやすいように環境を調整するなど、とにかく不安要素を取

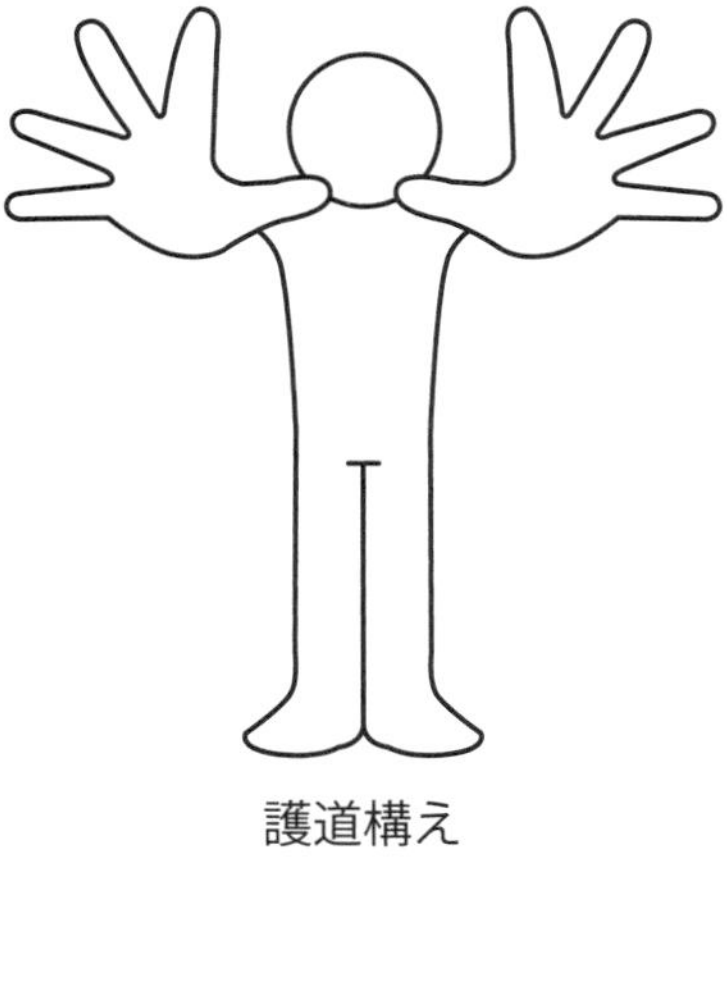

護道構え

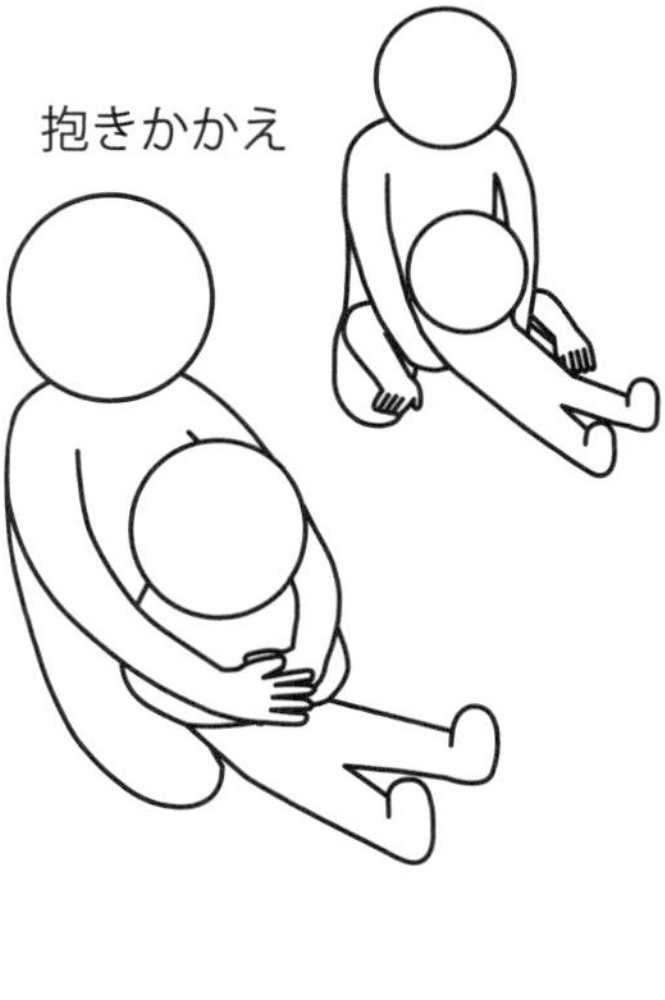

抱きかかえ

り除くような配慮を心掛けていました。

しかしながら、いざパニックを起こしたときの対応策はなく、ヘルパーが各々、考えて行動していました。統一事項といいながらも、そこだけヘルパー任せであることに違和感がありましたが、誰もそこには疑問を持たず、パニックを起こしてしまう支援をした私たちが未熟であったという反省をされるので、ビックリしていました。

ある行動療法を推奨している社会福祉法人の理事長の講演では、適切な支援を行っていればパニックは起こらないと言われていました。そういう洗脳に皆がかかっているようでした。

しかし、現実にはヘルパーが利用者に噛みつかれ、引っかかれて、傷ついて流血し、アザだらけになっているのが現状でした。また問題行動には反応しないというスタンスをとっている事業所では、殴られたり、噛みつかれてもヘルパーが、ただ我慢して耐えていたり、自傷を繰り返す利用者がいても止めることなく、見守っているような状態でした。

つまり、従来の支援では「分析」と「予防」しかなく、パニックへの具体的な対応策がなかったのです。

そのため、これまで息子に行ってきた武道の知識と経験を活かして独自に考えたお互いが傷つかない方法を「対応」として加え、「対応」「分析」「予防」のフィードバックを繰り返すことで、パニックを起こさずに済むような状態にできないだろうか？　という提案をするようになりました。こうして介助法ができたわけです。

ただ、その後、よくよく考えてみると、息子のパニックに関しては「分析」も「予防」もしていなかったことに気付きました。

武道の知識と技を使って、落ち着くように抱きかかえているうちに治ってしまったからです。

一方、支援の現場で様々な子ども達のパニック時に関わってきたのですが、「対応」した後、何故パニックを起こしたのか「分析」をして仮説を立て、「予防」をしても、またパニックになるということが繰り返され、その度に「対応」を繰り返し、結果として原因がわからないまま、落ち着いたケースが多々ありました。

そして、時が経ち、もしかしたら、これまでの「分析」と「予防」が見当違いであったのではないか？　ということに、ふと気付いたのです。

私が育児でやっていたことと介護士としてやっていたことを改めて比較してみると

・育児でやっていたこと↓息子（本人）の身体を整えること
・介護士としてやっていたこと↓周囲の環境を整えること

という違いに気づいたのです。

従来の支援スキルを用いた分析は本人の行動には着目せず、その前後の要因や環境のほうに原因を求めるものでした。そのため、予防も周囲の関わり方の改善や環境調整などをメインとしていましたが、どれだけ周りを変えてもパニックが起き続けていることがありました。

しかし、息子のときは対応の際に身体に触れ合いながら過ごしていくうちに身体が整ったことで、その後、周囲の環境に左右されなくなります。その結果としてパニックは治ってしまいました。そうしたことから、もしかしたら落ち着いた子ども達がいたのは同じ理由で身体が整ったからではないか？　と考えるようになったのです。

そのことに確信を抱いたのは栗本啓司先生との出会いであり、栗本先生の著書を出版されている花風社の本のおかげでした。

結論から言うと、土台となる身体が整わなければ、様々な療育や支援のスキルを使っても、周囲の環境を変えても、本人は楽にならないということを感じました。

まとめ

改めて振り返って考え直してみたこと

息子にはヘルパーで身につけた知識を使うことはなかったが、ヘルパーの現場では育児で身につけた技法が必要だった。

・育児でやってきたこと　（身体を整える）
・介護士の仕事で学んだこと　（環境を整える）

環境調整や予行演習のスキル以前に本人の身体が育たないと社会性は育たない。

○感覚過敏は治そう

そして感覚過敏に関しても栗本先生が書かれた本（『感覚過敏は治りますか？』栗本啓司著　花風社）を読んで納得しました。

栗本先生は身体表面の感覚（五感）だけではなく、身体内部の内臓覚についてまで考えておられました。

さらに水収支の問題（『芋づる式に治そう！』栗本啓司＋浅見淳子著）についても指摘されており、落ち着きのないお子さん、多動のあるお子さんの場合には、水分摂取、汗や尿を含めて水がきちんと吸収・排泄されているかどうかを確認することを勧められていました。

子どもの頃の息子が水のあるところをみると飛び込んでいた理由の一つには、水収支の問題もあったのではないかと感じました。

あと固有受容覚とか前庭覚の問題から筋肉や皮膚のことまで多義にわたって研究されていました。そうした知識に関しては、ぜひ栗本先生の本を読んでいただきたいと思います

が、対策だけ言ってしまうと、とりあえず

金魚体操をやってみましょう

ということです。

背中側が、頭の裏から足の裏まで固かったりするお子さんが多いので、その部分を緩めることの重要性を栗本先生の本では指摘されています。

私の場合は栗本先生と知り合うまで、利用者に対して金魚体操はやっていなかったのですが、パニック時に攻撃を防ぐために「抱きかかえ」を行いながら、落ち着かせるために武術で学んだスワイショウを応用して身体を背後から揺らしていました。栗本先生の本を読み、金魚体操を知ったことで、何故、落ち着いたのか？　という理由がわかりました。

また金魚体操を知ってから利用者に対して行っていましたが、中には仰向けに寝てくれない方も多くおられたので、うつぶせに寝ている利用者に対しては背骨を中心に手でこすっていく「背骨揺らし」や、手足を掴んで皮膚を緩やかに捻じっていく「筋膜剥がし」などを行って緩めていました。これらの技法は気功で学んだ知識です。

そうしたことを行っていると最終的に身体が緩まって落ち着き、中には寝入ってしまう方々もおられました。

○生活の中で土台を作る

脳神経を研究していた松澤大樹先生というお医者さんが書かれた『心の病は脳の傷』（西村書店）という本がありました。そこでは神経幹細胞を増やさないといけないということが指摘されており、ＭＲＩで一定の角度から撮影すれば総合失調症や自閉症児には扁桃体に傷があることがわかると脳の画像も掲載されていました。

その話の真意は医者ではないのでわかりませんが、本には扁桃体の傷の治し方についても書かれており、セロトニンを増やすことが重要であると指摘されていました。

セロトニンを増やすためには前駆物質のトリプトファンを食事から摂取して、あとは太陽の光を浴びたり散歩したり、身体を動かすことが大切だそうです。セロトニンが増えていくと、夜間にセロトニンがメラトニンに変わることで、ぐっすり眠れるようになり、生活リズムが整うそうです。そうすると健康になり、自然治癒力（免疫力）も向上し、脳の傷も塞がっていくというのです。

それは栗本先生や花風社の本で提言されていることにつながります。まさに身体コンデショニングで、快食・快眠・快便の問題が解決されると芋づる式に治っていくということでしょう。

またトリプトファンに関しては、息子が小学生の頃にお祭りの屋台で売っているチョコバナナを食べてからバナナをよく食べるようになったことも、多動やパニックが落ち着いたことに繋がっているように感じました。改めて考えてみると息子自身も身体が欲するものを自ら吸収し、自分の身体を整えようとして動き回っていたのかもしれません。

ただこうやって事例を紹介すると、バナナがいいのか！　と考えて大量に購入して与える親や支援者がいたら困るので書いておきますが、何でも取り過ぎは身体によくないです。また体質に個人差などもありますから、あくまでも対象となる本人の身体を観察しながら何を取り入れるかを選択してください。トリプトファンが含まれる食材についてもバナナだけでなく他にもありますから自身で調べてほしいと思います。

あとストレスの緩和や健康維持も含めてビタミンの摂取には気を付けました。我が家では粉末のアスコルビン酸を買って、それを百パーセント果汁のジュースに混ぜて飲ませていました。その他、人間には水と鉄が大事だと考え、鉄瓶で沸かしておいた水を飲むようにしています。

人間も自然の一部ですから木の成長と同じように根っこがあって、幹があって枝葉がなっていきます。土台となる良い土（栄養）や日光（セロトニン・運動・生活サイクル）は大事であり、その上で、それを正しく吸収できる根や幹や葉となる身体が必要であると感じています。そのために色々と創意工夫していきました。リズム感や運動機能の向上とリラックス効果も考えて音楽を聴かせたりもしていました。

つまり、建築でも基礎となる地面がしっかりしていなければ、その上に柱を立てても小さな力で家が傾いてしまうように、まずはしっかりした土台となる身体を育てましょうということになります。

そうしたことを模索しながら息子に試してきたのですが、花風社の本には、全て書かれています。だからもう花風社の本を読んでいる人には蛇足だったかもしれませんね。

第六章

我が子を治すのは社会貢献

○精神科は薬局のような対応しかしない

親としての体験と支援者としての体験を紹介してきましたが、もう少し体験を通じた個人的な見解を書いておきたいと思います。

私の経験として精神科は役に立っていないのではないかと感じることが多々ありました。例えば、ガイドヘルパーとして利用者の通院介助に付き添ったときなど、利用者本人が日常会話を上手くできないため、精神科医がヘルパーに困りごとを質問してくることがあります。そこで「排尿はトイレでされるのですが、排便がトイレでできなくて、そのため、夜間の眠っている間に服を着た状態で便を漏らされてしまうのですが、どうしてなのでしょうか?」と質問すると「う〜ん、どうしてなのかな〜。○○さん、どうしてトイレでウンチを出せないのかな?」と利用者に訪ねるふりをしてから「ちょっと、わかりませんね。とりあえずトランコロン（腸管神経に作用し腸の異常な運動を抑える薬）を出しておきます」といわれたり「事業所以外の場所では自傷行為の回数が増えているとお聞きしたのですが、先生は何が問題だと思われますか?」と質問しても、「○○さん、どうして自傷行為をするのかな?　痛いでしょ?」と利用者に形だけ話しかけてから「わかりました。じゃあリスパダールを液体のやつにしてお薬を増やしておきます」という感じでした。毎回、薬を処方されて終わりといった具合で、利用者の状況が精神科医にかかったことで改善したケースがありませんでした。

花風社の本を読んで神田橋條治先生のような医者もいることを知りましたが、私自身はそうした名医に出会ったことは育児やヘルパー業務ではありませんでした。多くが基本的に話を聴いて薬を出すだけでしたので、これならガイドの時間がもったいないから、医者の診察はなくして、薬局へ直行して相談したほうがいいなとヘルパー業務中は思っていました。もし良い部分があるとしたら、解決しなくとも話を聴いてもらうことで当事者や保護者の中には気分が落ち着く方もおられるかな?　ということぐらい。ただ、それなら占いでもよい気が私はします。そもそも自閉症や発達障害が先天的な脳の機能障害と言われていたときから、何故、精神科なのだろう?　脳科学じゃないの?　と思っていましたが、神経発達の障害だとわかってからはますます、身体へ目を向けることの重要性を感じ、精神科で扱われることに違和感があります。

○福祉サービスへ送り込むだけなら特別支援教育の経済効果はゼロ

熱心に生徒に向き合っている特別支援学校の先生がいることはわかっているのですが、その生徒である子ども達の卒業後の行く末が福祉サービスへつなげるだけであるなら、特別支援教育は必要ないと言えます。何故なら福祉サービスは、例えば不登校で学校教育を受けていなかった方も利用できますので、学歴や何をしてきたか？　何ができるか？　は、さほど問われることはないからです。ですから、学歴期の貴重な時間を使ってまで、福祉サービスへ繋げるための努力はそれほど重要性がないと福祉業界で働いてみて感じました。

さらに言えば、これまで紹介してきたように、実態として福祉サービスでは、利用者が通うことで事業者や支援者の給与が確保でき、事業所が存続していくことを第一優先する傾向がありますので、例えば、利用者が作業をせずに一日中、ソファーに座っていても、その場所へ通うだけで工賃を支払ってくれる就労支援や生活介護の事業所もあり、あまり能力を問われる場ではなかったりします。むしろ能力が向上して事業所を卒業して一般企業へ就職されることは期待しておらず、長く事業所を利用してくれたほうが良いと考えている事業者のほうが多い気がしました。

『障害者の経済学』（東洋経済新報社）の著者である慶應義塾大学教授の中島隆信先生は「障害者を支援することが目的ではなくて、支援してもらった人がそれで何ができるかを考えないといけない」「ひとつできることが増えると支援がひとつ減るから社会的に使える資源が増えると考えるのが経済学」と言われていました。本来、支援とは増やすものでなく、減らしていくべきものという観点からすれば今の福祉サービスの多くは経済効果ゼロと言えるでしょう。

自立と社会参加という名目で、わざわざ子ども達のかけがえのない命の時間を地域社会から隔離して引き受けるわけですから、社会参加のために特別な支援が必要だと感じた部分を向上させて、いち早く地域の学校や地域の職場や地域社会へ戻すという結果と責任は問われるべきだと感じます。

特別支援からベルトコンベア式に福祉業界に送ってしまうような状況は、障害児だけを集めた教育環境から、障害者だけを集めた生活環境へと分断し続けるだけで、これを「自立」や「社会参加」とは言えないのではないでしょうか？

今の日本のインクルーシブ教育の多くは、実態の伴わないスローガンを抱える詐欺みたいなものだと感じています。
もちろん、医療的ケア児や一定の割合で本当に医療が必要な子ども達もいるでしょうか

ら、そこには当然、手厚いサポートは必要です。ただ、それでも本当に生きる場所を分け

なければならないほどの子ども達はどれほどいるでしょうか？
同世代の子ども達との関わりの機会を奪ってまで、分け続ける必要性はあるのでしょう

か？
集団生活では様々な障害や特性を抱えていると衝突や問題を起こすこともあるかもしれ

ません。現実問題として、そこに関わる教師の人員の問題もあるでしょう。しかし、子ど

もたちが生まれた時代で生きていくのは、その世代の子ども達自身の課題です。その課題

に子ども達同士で取り組み、考え、支え合う機会を奪うことなくサポートするという発想

と情熱をもつ教師は、この国にはいないのでしょうか？
今、日本は少子化です。地域の一般校の教室は空いていると聞きます。しかし、一方で

診断によって発達障害のある子どもの数は増えており、特別支援学校の教室数が足りない

という話も聞きます。そして、どちらも生徒数に対して教員の手が足りないというのです。

それならば、お互いに生徒も教師も含めて学校を統合できれば両方の問題は解決できる

のではないでしょうか？

　これまで教育現場で講演やセミナーをさせていただく機会があり、一般校の先生や特別支援の先生ともお話させていただく機会を得て、お互いの立場の間に溝のようなものを感じたことがあります。一般校の先生は特別支援の先生に対して、特別支援の先生は一般校の先生に対して、お互いにスタンスが違うというような尺度を持っていて、そこに違和感を持つことがありました。私の思い過ごしならいいのですが……。

　ただ同時に生徒である子ども達の成長を願う気持ちには共通するものを感じています。もう一般校とか特別支援学校とかいう枠組や垣根を無くして、子ども達の成長と次世代に生きる子ども達の触れ合う機会を奪わないために、まず教育関係者が率先垂範してインクルージョンを示してほしいと願っています。現状、分けたところで、ほとんど結果を出せていないわけですから。

　そして、学齢期の間に最低限、他者の自由を侵害しないといった共存のために必要な社会性を子ども達が育めるように教育現場を機能させていただきたいです。

○「揺り籠から墓場まで」を支えているのは現場の犠牲

学校教育では卒業したら一段落で教師は生徒とは離れてしまいますが、福祉の世界では「揺り籠から墓場まで」を福祉の範囲と捉えているため、高齢者介護と同じで障害者に対してもターミナルケアまで考えているわけです。つまり、終わりがありません。

もちろん本来、就労支援施設や生活介護施設であれば、本人の能力を向上させて施設を卒業していき、一般就労して社会参加を目指すところですが、そうした事業所は少ないことはこれまで語ってきた通りです。ただ日常生活の場であるグループホームなどの場所に関しては、よほどのことがない限り、そこに住み続けることになります。

そこで亡くなるまで、ずっと続く支援を支え続けるのは、現場のヘルパーになるわけです。

ヘルパー仲間の中には過酷な労働を続けた結果、過労で倒れて半身不随になった人もおられました。「支援者から障害者になってしまったわ」と言われたときは掛ける言葉もありませんでした。

これまで福祉業界の負の面を多く語ってきましたが、どうしようもない支援者がいる反面、当然ながら数少ない熱心な支援者もいます。そういう現場で働く方々の犠牲によって「揺り籠から墓場まで」は支えられています。

「子どものために特別支援が必要」と言って子ども達の中から選別して抜き出す教師や支援者の多くは、学齢期が過ぎ去り、福祉の世界に送り出したら、その後は何の補償もしてくれません。特別支援教員を辞めて安月給でヘルパーをしながら最後まで生徒に付き添うようなケースは聞いたことがないので、結果に対する責任はとらないのが現実ではないでしょうか？

しかし、学校卒業後も子ども達の人生は続きます。結局、学齢期に結果を出せず地域社会性へ戻せなかったツケは親や家族に返っていき、最終的には福祉サービスで働く現場のヘルパーが尻拭いすることになっているのです。

○せめて、暴れる人は減らしましょう

私を含めて、子どもたちが通常の寿命を全うできたとしたら、親は子どもより先に亡く

なります。そうなれば、子どもたちは必ず誰かにお世話になります。その誰かのためにもせめてパニックは治しておきたいです。

他者の自由を奪わなければ、今の日本の制度では行くところはあります。これまで書いてきたように事業者主体の福祉業界に対して不信感はありますが、運よく良い現場のヘルパーにあたるかもしれません。けれども、そうした福祉サービスでも暴れる人は断られることが多いのです。それを見守るのがヘルパーの仕事でしょうと言われても、介護士は利用者の奴隷ではなく、人権もあります。もちろん、ヘルパーの中には殴られたり蹴られたりしても我慢して耐えながら支援している人々はいます。また私のように研究のためにわざわざ大変な現場に入っていき、「おお、そういう手できたか！」と感心しながら、更なる改善に意欲を燃やす変わり者もいるかもしれませんが、実際にはそういう人ばかりではありません。他害行為によって、ツメで引っ掻かれ、噛みつかれて腕が傷だらけでアザがくっきりと残っていたり、殴られたり蹴られたりして肋骨が折れたり、指や唇を噛みちぎられたヘルパー達がいます。

自傷行為に関しても必死で止めに入るヘルパーもいますが、大きくなると利用者の力が強くて止めきれずに無力感を感じている支援者もいるでしょう。残念ながら、パニックが激しいと事業所は利用を断るか、もしくはヘルパーが続かず、辞めていくことになるのです。

そうなってくると、優秀な人材から辞めていき、他に仕事がなく、行き場のない人材が残っていきます。そして、これまでお話してきたような利用者を虐待するおかしなヘルパーが現れたりもします。また落ち着きのない障害のある我が子を施設に預けて、自身は別の事業所でヘルパーをしながら社会へ障害者理解を訴える活動をしている親ヘルパーもおられました。長年、同じ施設に居座り、お局様になってしまっている場合もあり、暴れている利用者にヘルパーが怪我をさせられても、それがヘルパーの仕事だから仕方ないという人権感覚がないお局様ヘルパーもいました。

私も障害のある子を持つ親であり、ヘルパーもさせていただいていましたが、我が子優先の人でなければ信頼はできないなと感じました。まずは親として我が子が落ち着く状態に育ててから、他人の子どもを見るべきであり、そこから目を背けて、他の場所でヘルパーをしながら、社会へ障害者理解を訴える活動をするのはお門違いだと感じます。

ヘルパーにも人権あります。仕事だから怪我をさせてよいということはなく、パニックを起こしている利用者を改善していくべきであり、危険なときは対応策を講じる必要があります。これは教師や医者や親や家族にも言えることです。

当事者を含めて、すべての人に人権があります。そのことも踏まえて、できる限り学齢期にパニックが減るように育てることは大切です。それは周囲の支援者のためだけでなく、障害のある子ども達自身が落ち着いて生活できるということでもあるからです。

○暴れる人の行き着く先

精神科医のことはすでに書きましたが、薬を出す医者はいても、治せる医者はほとんどいません。そして、特別支援に委ねて社会性が育たないまま卒業し、その後もパニックが続いて暴れて手に負えない状態で福祉サービスでもご家庭でも対応が困難になってしまうと警察のお世話になることがあります。

施設では施設長判断でご家庭に連絡し、家庭内であれば親や家族が直接、警察へ応援要請の連絡をします。また、もし外出先で第三者に危害を加えた場合は刑事事件になります。

そして、複数の警察官がやってきて当事者をパトカーに乗せて精神科の病院へ連れて行き、そこで隔離病棟で措置入院することになります。その部屋はだいたい、三畳ぐらいの狭いスペースで、枕と敷布団、掛け布団が一枚ずつしかなく、便器がむき出しの状態のトイレがあるだけです。室内にはトイレットペーパーはなく、一回分のティッシュが置かれており水を流すのも外から看護師が流します。また部屋の奥には畳一畳ぐらいの通路があって、そこには鉄格子がはまっています。暴れて噛みつく患者もいるため、その格子の向こう側からご飯を渡すようです。分厚い扉には、三か所のロックが掛かっています。そういう部屋に閉じ込められることになります。

私は保護司をやっていた時期があります。保護司とは保護司法に基づき，法務大臣から委嘱を受けた非常勤の国家公務員（実質的に民間のボランティア）です。刑務所や少年院から地域に帰ってきた人のために生活環境の調整や保護観察をする仕事です。その関係で関西圏の刑務所を見学させていただきましたが、隔離病棟は刑務所の独房みたいな印象を受けました。患者によっては、そこで落ち着かれる方もいれば、暴れて、そこでまた医者や看護師に危害を加えてしまうこともあるようです。そのため、医者も激しく暴れてしまう患者には来てほしくないようで、例えば病棟内の物品を壊すと、その損害賠償を請求したり、なんだかんだ理由をつけてあまり来られないようにしようと画策しているように感じることもありました。

また暴れると身体拘束もされます。これまで紹介した強度行動障害支援者養成研修で大阪府の社会福祉法人が発行していたテキストの中に参考文献として医療現場での包括的暴力防止プログラムというのが記載されていました。内容は刑務所や警察の協力も得ているようで逮捕術や合気道に近く、相手の攻撃を捌いて関節技をかけて押さえつけたりするものでした。しかし、実際にその技術を現場で使いこなすことは難しいと感じました。そのためか包括的暴力防止プログラムでは複数の人間で患者を抑えるチームテクニクスという技法が紹介されていました。

その技術は、ほとんど犯罪者を取り抑えつけるのと同じような印象を受けました。過去に特別支援学校でも複数の教員が生徒の手足を押さえつけ、馬乗りになっている先生が恫喝していた場面に遭遇したことがありましたが、包括的暴力防止プログラムのテキストを見たときに、そのときのことを思い出しました。

そのとき私は放デイのヘルパーをしていて、押さえつけられて身動きできない生徒のお迎えに来ていたので、ビックリしました。生徒は後頭部を地面にガンガンと打ち付けていたので慌てて割って入って止めて保護しました。そのまま、抱きかかえて校門を出ましたが、教員たちが見ている間はずっと暴れ続け、門を出て先生が見えなくなると急に落ち着いてデイまで普通に歩いてくれました。このときは特別支援学校教員の対応に不信感を抱きました。

話が脱線しましたが、激しいパニックが続いていると身体を拘束されて自由がなくなります。

また大抵の医者は治せないので隔離するだけで、あとはお得意の薬を処方して、その量が増えていくということになっています。

○家でできることはやりましょう

パニック時に関して介護士や看護師など支援者は何もせずに堪えて見守るしかできないというわけではなく、一応、身体拘束（危機介入）の三要件（切迫性、非代替性、一時性）というのがあり、それに基づいて行動することは認められています。

しかしながら、実際にはこの三要件を満たしていなくても身体拘束をする現場もありました。また適正な活用であったとしても、身体拘束がベストというわけではありません。

当然ながら、パニックを抑える技術を使うことよりも、当事者がパニックを起こさずに済む状態になったほうがお互いにとって良いからです。

ここまで色々なことを書いてきましたが、当事者が落ち着くためにも、できれば親が家でできることはやっておいたほうがいいです。

身体アプローチなどはマンツーマンの関わりでなければ難しいので、それができるのは介護士や教師ではなく、親や家族しかいません。また、介護士として利用者の身体を整えようとしても旧体質な現場では、従来の療育のスキルに固執している支援者もいて、私がやろうとしていることが理解されず、利用者と関わる機会が減ってしまい、結局、身体調整ができなかったこともありました。

私は身体を緩める方法としても「抱きかかえ」を推奨していますが、本人に合う方法であることが大切です。ともかく身体を緩め、整えてあげてほしいと感じています。

第七章

誰の子ですか？

○自分の子どものことだから支援者まかせにしない

辛辣な意見かと思われるかもしれませんが、

育児を支援者に委ねるのはやめましょう

と言わせていただきます。

最大の環境は場所ではなく「人」です。そして、子どもにとっての最大の環境は「親」です。もちろん、色々な立場の親もいるとは思いますが、できる限り親が子どもと関わる時間を大切にしましょう。支援が必要な子どもは専門家に任せましょうといわれても、親子が関わる貴重な時間まで他人に奪われてはなりません。

私自身、息子の幼児期は、療育教室へ連れて行き、お金もかけて色々な支援に首を突っ込みましたが、そこで求めるような回答と結果は得られずに悩みました。当時は「発達障害は一生治らない」という考えが療育では主流でしたので、子どもを何とか成長させたい親は暗中模索の中、自分たちで創意工夫しながら手探りでやっていくしかなかったのです。しかし、今は神経発達症という見解や発達のヌケを埋めていく身体アプローチの方法などが花風社の本に書かれています。その方法は家庭でもできるので経済的です。いい時代になったと感じています。

○治すのは誰ですか？

私はパニック時や、その後随分経過してから想い出したかのように泣き続ける息子の姿をみて、代われるものなら代わってあげたいと思うことが何度もありました。そして、何とか治してあげたいと考えました。親だったら、当たり前のことですよね。しかし、当時は「先天的な脳の機能障害で一生、治らない」と言われていました。しかし、その原因については「解明されておらず、わからない」というのです。原因が解明されていないのに治らないと言い切るのはおかしな話です。もちろん、原因が解明されたら対処法は理解できるようになるでしょうけど、我が子の成長は止められませんので、医者が解明するまで待っているわけにはいきません。

そして、大切なことは、そもそも「治すのは誰ですか？」ということです。
それは医者でも、教師でも、介護士でも、親でもないのです。結局、誰が治すかという
と本人なのです。

例えば、腕を切って病院へ行ったとします。傷口から血が出ているので、看護師が止血
して、医者が傷口を縫いました。そこまでは医療ができることです。あとできるとしたら
痛み止めを出して、経過をみて抜糸することぐらいです。そこから先、傷口が塞がってい
き、完治させるのは私達自身の自然治癒力であり、すなわち自分の力なのです。

私は昔、武術に役立てばと考え、気功や瞑想にも興味を持ち研究していたことがありま
す。

気功では「気」は何かわからないぐらい小さくなった根源的なものであると教えられま
した。科学的に説明するなら、素粒子が近いかもしれませんが、その小さな気が自然の配
列によって集まって正しく機能している元の状態が「元気」、逆に自然の配列が病によっ
て乱れた状態が「病気」であると学びました。

「病気」から「元気」に戻すための気の配列を正す方法は様々ありましたが、自律神経を
整えるということでした。気功や瞑想では、それを整える方法として様々な体操と呼吸法

が行われています。

一般的に呼吸は肺の活動だけが呼吸だと認識されていますが、肺の呼吸は二次呼吸と呼ばれていて出産後から始まります。それ以前、出産前のお腹の中にいる頃から始まっているのが一次呼吸です。一次呼吸は、頭蓋骨や身体全体でみられる開閉や伸縮などの規則的な動きです。

脳と脊髄は頭蓋骨から脊柱の一番下にある尾骨まで繋がる脳脊髄液で満たされた三層の膜状の袋である髄膜に包まれています。この脳脊髄液を循環させるのが一次呼吸になります。そうした一次呼吸を含み身体を整えていくことで自律神経系、中枢神経系、運動器系が機能し、自己治癒力や免疫力が高まって健康になり、さらに潜在的な能力を向上させていくというのが気功の考えでした。

実際に、この気功の考え方がすべてとはいいませんが、心身を治すのは自身の中にある自己治癒力になります。ですから当事者本人に自己治癒力を上げてもらわなければなりません。それを促す環境づくりは一時的な関わりしかできない支援者がやるよりも、できれば日常生活で共に暮らす親がやったほうがいいでしょう。

自ら体操などを通じて身体を緩めて整えることができない時期は、親がサポートしながら行っていくことが必要です。これは、武道で言う「型」稽古に通じています。緩む形や整う形にすると実際に身体が緩みます。そうすると心も緩んできます。例えるなら温泉につかって身体が温まってほぐれると気持ち（心）もリラックスするのと同じです。心と身体は神経で繋がっています。つまり、脳が緩み整うということです。あとは本人の中の自己治癒力や潜在能力が心身を調整していきます。

○社会が変わるより、自分が変わる方が早い

今、障害のある方々が福祉の制度を利用できるのは国、自治体、社会の補助のおかげです。ヘルパーや教師など、支援に関わる人の給料も税金です。福祉サービスは、その制度に頼って存続しています。そのことは忘れてはならないと感じています。

以前は障害者理解のための啓発活動などにも参加していましたが、次第に矛盾を感じるようになってきました。

活動されている保護者の中には「我が子の障害を受け入れてほしい」「社会が障害者にもっと理解をもって接してほしい」「障害児をもつ親の立場もわかってほしい」と訴えて

おられる方がいました。熱心に啓発活動に参加し、自身も福祉施設で働いておられましたが、その子どもは親が啓発活動し、施設で働いている間、別の施設に預けられていました。

大きくなっても感覚過敏が治っておらず、多動で目が離せない我が子を他人に預けて自身は別の場所で働いて障害者支援を訴える活動をしている姿を見て、「何故、我が子をみないのだろう?」と感じました。私の感覚では、まずは我が子と向き合って治してから、他の子の支援に入るのが親としての優先順位ではないだろうか？　という違和感があったのです。

我が子と向き合わず、「社会が変わらない」と嘆いて、周囲の無理解へと責任転換し、他人が変わることを期待しても、残念ながら自身の課題から目を背けているだけでしかないと感じたのです。

人口全体の約七パーセントしかいない障害者へ社会全体を合わせることは、どうしても無理があります。これは少数を切り捨てろといっているわけではありません。しかし、現実的に難しい部分も生じてきます。社会で共存していくためには、お互いが歩み寄っていくしかないのです。

アドラー心理学で課題の分離という考え方があります。人それぞれに課題が違うということです。そして、その課題をクリアするのは自分自身でしかないのです。厳しい話ではありますが、他人のせいにしても社会のせいにしても自身の課題は根本的に解決されることはないのです。

他人を変えるより、自分が変わる方が早いので覚悟を決めて変わっていきましょう。

世の中には、何かあると他人や社会のせいにして、我が子と向き合うことから目を背け、自身が変わらず、障害者理解だけを叫んでいる人も多いので、そうした人達が足を引っ張ってくる可能性はあります。色々なことを言う人が出てきますが、それは無視して、まずは我が子のことを考えて治していきましょう。そして、どんどん感覚過敏が治り、異食や偏食が治り、多動が治り、自傷が治り、他害が治り、コミュニケーションが取れるようになっていき、自分の子どもが笑顔で過ごせるようになればいいのです。

うちの息子は今、とてもニコニコして生活しています。昔は無表情でロボットおーちゃんと言われていた時期もありましたが、今の息子しか知らない方々にその話をしても信じてもらえないほどに笑顔で暮らしています。

障害者を理解しない世間を非難し続けて生きるか？　自身の課題と向き合い笑顔で日々を送るか？　その選択は自分次第です。

○率先垂範　自分で自らやりましょう

ここからは支援に頼らない方法を紹介して行きたいと思います。

そのために大切なことは、まずは親自身が自分で心身の状態を理解するということです。

例えば、子どもが落ち着かなくて飛び跳ねているとか、つま先立ちで歩き回っているとか、肩が上がって力んでいるとか、そういうときに自分でそのポーズを取ってみることです。

その体勢になると何を感じるか？　それがわかれば、子どもが何に苦しんでいるか？が身体面からわかることがあります。そのためには親自身の身体がまず整っていなければなりません。自身の身体の状態を把握できていないと、子どもの身体の不具合を感じ取れないからです。

子どもに何かをさせようとする熱心な親は沢山いますが、過剰にさせられるばかりの子どもはキャパオーバーになってしまいます。そのキャパシティを理解できるようになるためにも、まずは親自身が身体を整えた状態を理解しなければなりません。

日本語の慣用句には浮き足立つとか、肩肘張るとか、腹が据わるとか、腰が抜けるといった言葉がありますが、悩みがある人は頭を前に出して歩き、前傾姿勢になります。すると臍下あたりにあった重心点は前方に移動します。そのことで踵が浮き、つま先立ちになり、不安定な姿勢になります。

不安定な姿勢は不安定な心を生み出します。これを「浮き足立つ」というのです。こうした慣用句から昔の日本人は今より身体の感覚に敏感だったと感じます。

そういう意味を、自分自身の身体を通して感じてみることも大切です。そうすれば身体を楽にするためにはどうすればよいかの理解が深まるでしょう。

時々、支援に関して熱心なあまり、毒味をしない親が多かったりします。子どもに何か新しいものを食べさせるとき、「これ何かわからないけど食べさせよう」ということはないですよね？　だから精神科医が「わからないけど、ちょっと薬を試してみましょう」というのは、所詮、他人事だからだと思っています。

しかし、食事なら気をつけるのに、そうなったらどうなるかと自分で試すこともなく、大切な我が子を療育や支援に丸投げしてしまっている親がいます。

例えば、空手の試合に出ている子どもに対して「行け～！　そんなん痛くない！　大丈夫や！」と叫んでいるセコンド気取りの親がいますが、そういう人ほど空手をやったことがなかったりします。技の痛さがわからないので、いい加減なアドバイスができるのです。

例えば「まっすぐに立ちましょう」というときに、自分がまっすぐ立てていない人が指導すれば皆、歪みます。

何度も繰り返しになりますが「最大の環境は人」なので、支援者側の身体が整っていないのに整えられるわけがないです。だから我が子の最大の環境である親が、まず自分を整えましょう。

パニックを起こしてしまう身体にも問題がありますが、実は周囲にいる人の身体がその影響を与えていることもあります。身体が整った人が周囲に増えると場が整い、落ち着いていくことがあります。親子でお互いが落ち着く身体づくりをしましょう。そのために「壁立ち」という方法があります。

私の推奨する壁立ちは栗本先生の本で紹介されている「風船ワーク」を立ってやる感じです。壁に沿って立ってやります。それでまっすぐ立つ感覚を理解します。

こういうことを、子どもや利用者にやらせるだけではなく、親や支援者が自ら実践して自分の身体で味わってほしいです。もちろん成人当事者の方も試してみてください。

身体を通じて感覚を体感することが大切です。

【壁立ち（直立禅）】

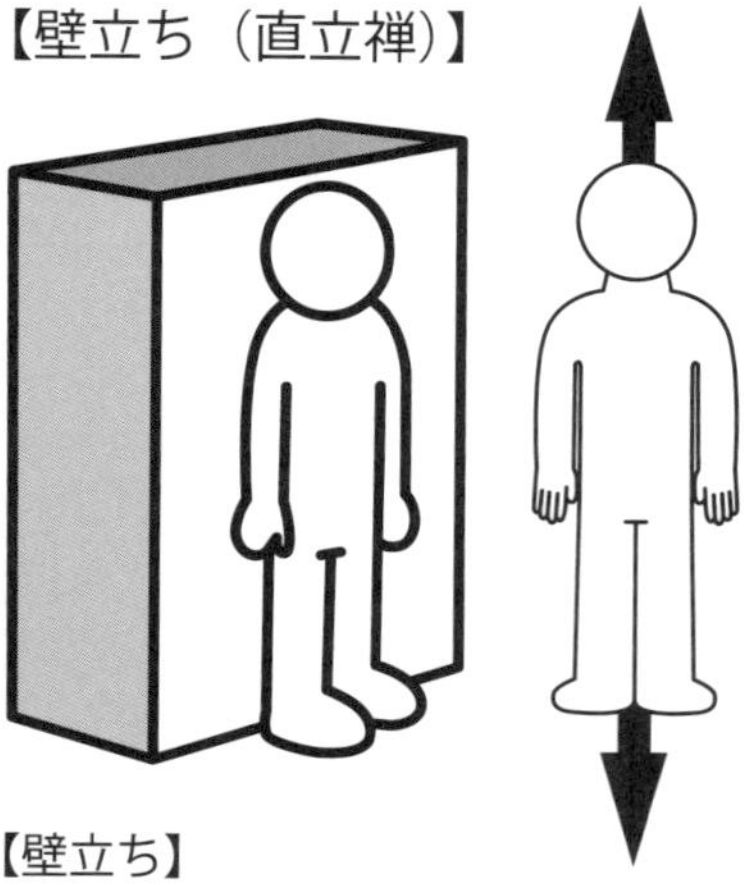

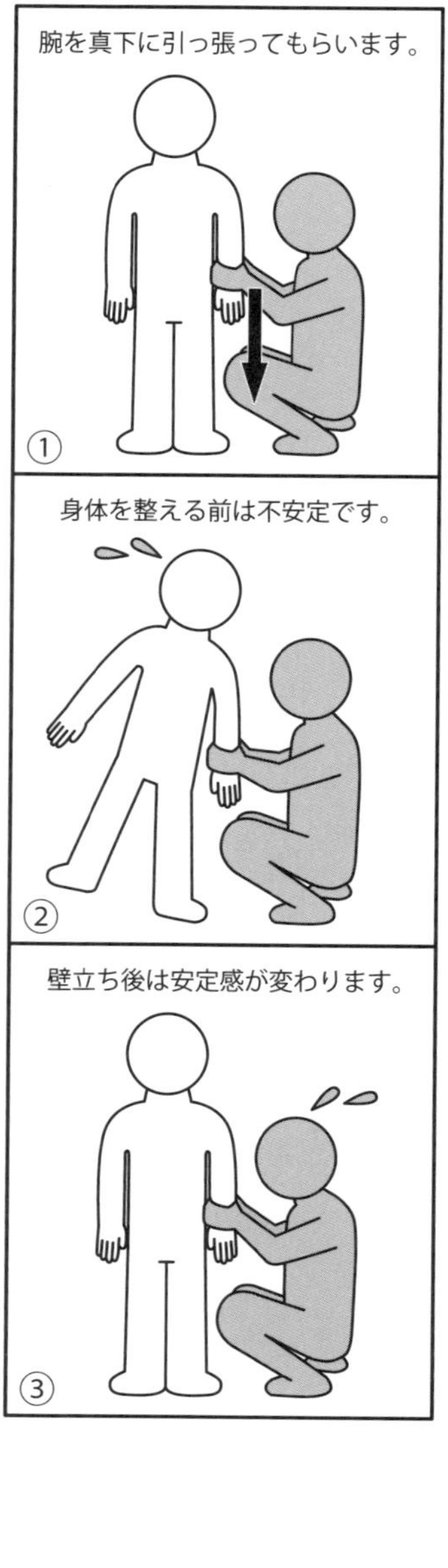
腕を真下に引っ張ってもらいます。
①
身体を整える前は不安定です。
②
壁立ち後は安定感が変わります。
③

【壁立ち】

壁に背を向けて立ちます。両足の踵の後ろ側、お尻、背中、後頭部を壁につけて立ちます。後頭部の真ん中あたりから、真っすぐ天に向かって引っ張られているとイメージします。同時に両足の踵が真っすぐ地面に向けて引っ張られているとイメージします。鼻から息を吸い込み、ゆっくりと口から吐きます。その状態で１分ほど過ごします。壁立ちは壁を用いた座禅のようなもので別名「直立禅」と言われています。腕を引っ張る実験を行ってみると「壁立ち」の前と後では身体の安定感に違いがあることがわかります。

また道場では錬成法という体操をやっています。腕の動作、体幹の動作、足の動作を行い、全身の動きをつなげていきます。錬成法に関しては、様々な要素が含まれていますが、親や支援者にはお勧めです。知りたい方はぜひ、各地の講座に出てみてください。

アンカーとトリガーという考え方があります。有名なものに、犬に毎回ベルの音を聞かせてから餌を与えると、餌を与えなくてもベルの音を聞かせただけでよだれが出るようになるというパブロフの犬の実験があります。このときの生理学的または心理的な状態を引き起こすベルの音がトリガーで、トリガーによって引き出されたよだれが出るという状態がアンカーです。この条件反射を利用して、前もって理想の状況を埋め込むことをアンカリングといいます。武道の型というのは、繰り返すことで最適な状態をアンカリングしておき、それをトリガーによっていつでも引き出せるようにする目的があります。

身体が合理的に働き強い力が発揮できる状態や身体が整い精神が落ち着く状態を、型動作の中で覚えさせておいて、その記憶が呼び起こされるようにします。

そのアンカーとトリガーのための型が介助法では錬成法にあたり、最適な身体の状態をイメージを伴う動作や呼吸を通じてアンカリングし、その後、各課題や実際の支援にあたる際にイメージや呼吸をトリガーとして、錬成法でアンカリングした強い力が発揮できる身体（アンカー）を引き出し、再現できるようにしていきます。

こうして、無駄な力が入る従来の癖を取り除き、新たに合理的な動きができる身体感覚を再構築させていくわけですが、これはトラウマ開放とも似ています。ＥＭＤＲ（眼球運動による脱感作と再処理法）は、ＰＴＳＤ（心的外傷後ストレス障害）に対してエビデンスのある心理療法として知られています。

ちょうど二〇二〇年十月に鹿児島で行われた花風社の著者が集まったセミナーで、臨床心理士・言語聴覚士である愛甲修子先生が目の動きと呼吸を合わせたトラウマ開放の方法を伝えておられました。

セミナーでお話をお聞きして眼球運動という身体操作と落ち着く場所というイメージに呼吸を合わせて安心感を定着させていく手法に感心しました。

○わかり合えない人は放っておきましょう

昔と今の息子と娘の写真です。
小さい頃の写真と現在の写真を比べてみると、息子のぎこちなかった表情が変わっていることがわかると思います。

表情に関しては、まず全く視線が合わなかったので、それをどうにかしたいと思って試行錯誤しました。顔の表情がないのは目の動きが関連しています。目を使うということは危険を察知する能力や周囲への関心を向けるという社会性の部分にもつながり、ここをク

リアできないと知的能力も伸びにくいと言われています。

注視や追視をしないのは目の使い方がわかっていないためなので、息子の幼児期はATAメソッドや気功などの方法を用いて、目の周りの筋肉を和らげ、刺激を与えて反応させる訓練を繰り返し行っていました。具体的には、まず自身の手をこすり合わせてから、その手を子どもの目の上にそっと置いて温めます。最初は両目いっぺんにやると怖がると思って、片目ずつ塞いでいました。栗本先生はホットタオルで目を緩ませる方法を提唱しておられますが、目が休まれば、どの方法でもいいと思います。

その後、仰向けに寝転ばせた状態で、指でまぶたを閉じたり、眼球運動を促す方法で誘導したり、指で目を開かせて息を吹きかけてから手を放して瞬きをさせる訓練をやっていました。目の動きを意識するようになってから、息子と目が合うようになりました。そして、表情も豊かになっていきました。

あと耳介を触ってマッサージをしてほぐし、指先でトントントンと叩いて刺激を与えるタッピングのようなことも行っていました。

特定の音に敏感に反応する反面、呼びかけには全く反応しないなど聴力に問題を感じることがあり、音としては聞こえているのに声を意味のある言葉として認識していない状態でしたので、本来の機能を回復させるためにやっていました。

目や耳などが機能していない部分に触れると最初は凄く抵抗され、息子は毎回大泣きしていましたが、しだいに触られることに慣れていき、耳介が柔らかくなっていくと音が聞き取りやすくなるため、声にも反応するようになっていきました。また耳の穴へテッシュペーパーで作ったこよりで外耳道へ刺激を与えたり、息を吹きかけることで鼓膜へ刺激を与えていました。そのことで耳掃除ができるようになりました。そして、抱っこした状態で安心感を与えながら、様々な音を聞かせて音馴れをしていきました。

ちなみに福祉施設で落ち着きのない成人した利用者の耳介に触れると固いままで、触られることを嫌がり、マッサージは難しい状況でした。耳介は難聴者の場合はやわらかすぎ、自分勝手で頑固な人は固いといわれています。

マッサージに関する反応には個人差はあると思いますが、大きくなってから抵抗されると訓練は難しくなります。また福祉施設でヘルパーがやると虐待だとみられることもあり、その重要性が理解できていない事業者の施設では身体接触自体を注意してきますので、治すことが困難です。治すことを考えていない支援に委ねたら、我が子の機能はいつまでも回復しません。

やはり、できるだけ幼少期から親子でスキンシップを取りながら身体を整えていただくことが一番良いと感じています。

さて、身体を整えて発達のヌケを埋めていくことで、障害を乗り越えて実際に治った子ども達は実際にいます。

花風社愛読者コミュニティサイト、「治そう！　発達障害どっとこむ」の「治った自慢」を是非、読んでいただきたいと思います（https://naosouhattatushogai.com/）。

うちの息子も今では、いつもにこやかで、コロナ騒ぎでも問題なく過ごしています。

しかし、その反面、未だに発達障害は一生治らないという話を信じて、我が子がパニックになっても「障害なので理解してください」と訴え、周囲に我慢させることを強いる活動に精力を傾けている保護者もおられます。

そうした方々に対して、「周囲に我慢させることよりも子どもを成長させて落ち着く方法がありますよ」と親切心で伝えても拒否されることがあります。

そうした場合は、根本的に考え方が違いますので

わかり合えない人は放っておきましょう

障害のある子どもを持つ親同士でも合う人と合わない人はどうしてもいます。

また既存の療育・特別支援・福祉の考え方が、まだまだ蔓延している部分もあり、そうした考え方の人が周囲にいると、その同調圧力に流されて、子どもは親が育児するよりも支援の専門家に任せたほうがよいという人もいます。

実際に我が子が落ち着いて、これは良い方法だからと感じ、「うちの息子はこれで落ち着きましたよ」と伝えても、その人たちは改善する状況を信じられず、また我が子を支援に委ねて、向き合うことを放棄してしまっているので、それを望んでいないのです。

しかし、その割には治そうと考え、我が子と向き合い治そうと奮闘している親に対して批判してきたりすることはありがちです。自身が取り組んでいない後ろめたさの裏返しかもしれません。

そういう歪んだ人は放っておくしかないです。「かわいそう」とか思う必要もありません。感覚が違うのです。あとは、その親とその子ども達の課題ですから、私たちが解決することはできません。言い方を変えると、きっとその人たちは本気で困っていないのでしょう。むしろ、潜在意識が現状維持を望んでいるのだと思います。人間、本気で困ったら動き出します。そして、困ったときが学ぶときだからです。

どちらを望みますか？　ということです。選択は自由なのです。

成人した後も息子はニコニコと穏やかに暮らしています。自分の絵を描いて対価をいただき、個展をすると地域の学校で共に育った友だちや応援してくれる仲間が観に来てくれます。

別に息子自慢をしたいわけではありません。そういう生き方もあるということです。
また現在に至るまでには親子でいろんなことにチャレンジしてきました。
そして、支援者としても様々な子ども達に福祉現場で関わってきました。その上で福祉の世界に来なくて済むのなら、そのほうがいいと感じています。

また、読者の中には特別支援学校の先生もおられるかもしれませんが、勉強や作業訓練などの能力よりも、まずは子どもがどんな環境でも落ち着いていられる状態になるように心がけてほしいなと思います。

特別支援学校へも無理難題を言ってくる依存体質のクレーマーな保護者もいると思います。それで病んでしまう先生もいるかと思いますが、主体は子どもであることを忘れずにいてほしいと思います。

そして、できればベルトコンベア的に福祉サービスに送り込むのではなく、地域社会へ子ども達が戻れるように導いてほしいです。

○きれいごと抜きの現状

これまでの話を表にまとめてみました。

まとめ

きれいごと抜きの現状

・大半の精神科は薬局状態
・特別支援教育は福祉へのベルトコンベアが主流
・福祉の謳う自立は税金を使った他者依存
・介護士は当事者が雇っている奴隷ではない
・社会性が育っていなければ居場所はない
・医者は最終的には牢屋の看守
・習慣性の情緒障害（二次障害）を改善する能力と時間はヘルパーにはない
・福祉事業は支援者のための支援になっている

これが保護者として、支援者として体感した日本の福祉の現状です。

我が子が笑顔で自由に過ごせる未来を望むのなら、しっかりと支援との関係を見直してみてください。

目の前の子は、誰の子ですか？

治すのは誰ですか？

制度は誰に支えられていますか？

いつまで社会や他人が変わるのを待ちますか？


困ったときが学ぶときであり、それが親子の成長に繋がります。

大事な我が子と自身の未来のことですから、自分の頭で考えることが必要です。

○親バカとして、今を生きる

この本では、情報を伝えることをテーマにしてきました。

現在、様々なしがらみのある立場の方々は、教育や福祉業界の実情や本音は言わないでしょうから、私が得た経験をお伝えすることで、今、発達障害のある子どもを育てている世代にとって、よりよい将来への道筋を考える機会になればと思い、執筆してきました。

もし私自身が福祉事業者や教育関係者に忖度し、自身の損得勘定を考える人間なら、書けなかったと思います。それができたのは、どこまで行っても私が単なる親バカの一人にすぎないということであり、そのことが私にとってはブレない軸になっています。

花風社の浅見淳子社長をはじめ、栗本啓司先生や愛甲修子先生などの花風社の著者の方々も、何かの大きな力による柵や同調圧力には屈しない、個々におけるブレない軸を持っておられます。言い方を変えれば信念といえるような自身の人生に対する主体性をもっています。

そういう方々とのおつきあいに恵まれていることは私にとっては非常に良いことなのですが、これまでの講演活動を続けていく中で、改めて見落としていたことに気付かされました。それは、そうした主体性をもって生きている方々が、必ずしもスタンダードではないということでした。

私の講演を聞いた参加者から、「地域の学校から特別支援に行かされそうで不安です。特別支援にいくと障害者だけの福祉の世界に送られる恐怖で夜も眠れません」「うちの子は今、地域の学校の特別支援級に通っていますが六歳を過ぎてしまっています。もう手遅れでしょうか？」というご意見をいただいたことがありました。

大変申しわけない話ですが、私はこうした質問を受けてもピンと来ておらず、何を怯えているのか？　が理解できていませんでした。

例えば、中学卒とハーバード大学卒では、後者の方が就職率は高くなるでしょう。それが良いかどうかは別問題として中卒より、就職の選択肢が確実に広がることは理解いただけると思います。もちろん、中卒でも一流企業の創業者になった人もいますし、ハーバード卒でも犯罪者や、ホームレスになった人もいるかもしれません（ただ確率としては、低いでしょうけど……）。

つまり、何が言いたいのかというと、どんな生き方をするか？　を選ぶのは当事者自身の問題であり、「ハーバード大学卒のほうが就職しやすいよ」というのは社会的な利点を踏まえた一つの情報に過ぎません。選択肢の幅を広げるという意味において、地域の公立の学校と、特別支援学校に関する話も、そうした特色や違いはあるという情報であり、特別支援学校卒業後は福祉サービスに繋がるケースが大半で一般企業への就職率が低いというのも統計的にわかっている情報の一つです。

そうした観点から考えた場合、六歳までに心身を整えていくことで発達障害の診断を覆して、地域の学校に入った方が、将来的に進学や就職の選択肢は広がるということにはなります。

ただし、それだけで、それが子どもの人生にとってベストの選択だったか？　については、その後の状態を見ていかないとわかりません。

ですから、特別支援学校を選択しても、最終的なゴールがよければ良いわけです。

年齢に関しても「脳の機能障害で一生治りません」というのはデマであることがわかったわけですから、六歳を過ぎても年齢に関係なく、能力を伸ばしていきながら、最終的に我が子はどうしていきたいのか？　を親子で考え、そのために今、できることをやっていくことが大切だと思います。

情報はあくまでも情報であり、誰が何を言ったか？　ではなく、その得た情報を我が子や自身に当てはめてみて取捨選択しながら行動していくのは、当事者にしかできない課題です。

そのため「少しでも早く情報を知ることができたか、そこに至るまでの過程において、その時々で対応できるのではないか？」ということしか、私の念頭にはなく、講演を聴いて情報を得たことで「不安にしかならない」という人がいることまで考えていませんでした。

しかし、家族にその話をすると、「話を聞いた人が不安になるのは想定範囲内の質問ちゃうの？」「まぁ、今のおとうちゃんにわからんのは仕方ないな〜」と言われ、ハッとしました。

本書で書いてきた通り、私も息子が子どもの頃は不安だったわけです。ただ不安になりながらも、その都度、他者に依存するのではなく、家族で試行錯誤しながら、主体的に生きてきたということでした。そうやって自身の中で「軸」を作ってきたのです。

また福祉業界の実情を伝えたことで、「地域の学校○」、「支援学校×」みたいな誤解をされている人がいるのではないか？　ということを感じました。

そのことについても、ここまで本書を読んでいただいた通り、地域の一般校の教職員の方々とも認識の違いによる衝突が毎回あったということです。

ハッキリ言って「地域の学校にさえ入れたら安心」なんてことはなく、これまでの息子の学齢期を振り返ると、ある意味では戦いの連続だったとも言えなくはないです。

「同じクラスにいても、わかっていないようなので、かわいそうだと思うのですが……」

「障害児を見られる教員がいないので、お子さんはクラブ活動には参加できません」

「何故、この学校にきたのですか？　障害者のサポートがある学校に行かれたほうがよいのではないでしょうか?」

「前例がないので、受け入れられません」

散々、門前払いに遭い、入学してからも、前例がないなどの理由で、様々な活動を拒否され、本当に色々なことがありました。

またイジメの問題などもありました。ただ私の場合、介護士経験を得て、支援する教員側の立場も少し理解できたのが功を奏した部分はあります。

そのおかげで、単なるモンスターペアレント化せずに済みました。

支援者である介護士も教員も同じ人間なので、保護者が一方的に我が子の理解を求めるだけでなく、同時に教師の立場も理解する努力をしながら、我が子のために協力者になってもらうことを意図的にやっていました。

具体的にはPTA会長になったり、地域の活動に参加したり……。それは当然、息子がお世話になっているからですが、学校に対して「預けているのだから子どものために色々とやってもらって当たり前」というスタンスで自身は何もせずに無理難題を強いるのではなく、こちらからも学校側へ歩み寄る努力はしました。

ちなみに私はお世話になった学校環境を守るために、議員でも何でもない一介の保護者

でしたが、無報酬で四年間活動して国の法律を変えて悪徳業者を追い出したこともありま
す。また地域防犯にも参加し、窃盗犯に遭遇して犯人も含めて無傷で取り押さえ、全国ひ
ったくりワーストワンだった地域の汚名返上に貢献したことで警察から表彰されたことも
ありました。

そうした地域を守る活動を通じて学校や地域の方々からの信頼を得ることができました。
そして、最終的に、どの学校も卒業する頃には、先生方はよき理解者になってくださって
おり、本当にお世話になりました。

そんなことを言うと「そこまでしないと地域の学校では我が子を理解してもらうことは
無理なのか？」と、これまた極端に思われる人が出てくるかもしれませんので言っておき
ますが、ここでお伝えしたことは「我が子のためにできることはやる！」という気概や覚
悟を親としてもっていてほしいということです。

それは学校や地域の理解を得るためではなく、子ども達のために必要だと感じるからで
す。子は親の鏡というように、子どもは親の覚悟を試している部分があります。

当時は「子どものために必要であれば世界を変えてやる」とすら本気で考えていました。
私は、我が子のために命をかけられるのは親だけだと感じています。我が子のために命

を捨ててまで助けてくれる他人は正直、なかなかいないでしょう。

地域の学校に限らず、どんな学校へ行っても、教師に色々と言われることはあるかもしれません。

そのときに、その理由が納得いくものであるかどうか。それが本当に我が子のためになるか否か。単に教師に能力がなく、排除したいだけなのか？　子ども自身はどう感じているのか？　将来的なことも踏まえて、それは本当に今、ここで判断すべきことなのか？　改善するための手立てはないのか？　それを真剣に見極める必要があります。

そして、納得がいかなかったら、とことん教師や校長先生と交渉するしかありません。そこでは親の交渉力やコミュニケーション能力が問われてくると感じています。

あの先生に言われたから……誰々がこう言っていたから……ではなく、実際にどうするか？　は当事者である我が子と親次第です。

進路については、我が子の課題であり、保護者である親自身の課題であるので、その課題に関しては誰も代わってあげることはできません。そういう意味では、学校の教師も、医者も、介護士も、誰も、我が子の一生の面倒をみてくれませんし、みられないのです。

教師に「お子さんのためですよ！」と言われても、その先生に「じゃあ、あなたは教師を辞めて我が子の行く先まで、ずっと付き添って面倒をみてくれますか？　責任をとってくれますか？」と言ったら、誰も「はい、わかりました」とはいえないわけです。

教育も医療も福祉も国の仕組みの一つであり、それをどう活かすかは、私たちの在り方に委ねられているのです。バランスを取りながら上手く活用していくのは私達次第なのです。

我が子のためには、やはり親が強くなるしかないと私は感じています。

我が子の人生は本人のものであり、親としてのあなたの人生もあなた自身のものです。

その主体性を放棄して誰かに委ねたい人は致し方ないですが、その場合は結果がどうなっても誰のせいにもできませんし、実際に責任はとってくれません。

逆に言えば、誰かのせいにして人に責任を委ねようとし、過剰に失敗を恐れるから、ますます不安になるのです。

令和二年十月、鹿児島で行われた花風社のセミナー後の懇親会で講師の方々や、今は発達障害が治って社会参加されている皆さんと話をしていたら、これまでの人生の中で何度も失敗を経験し、その都度、試行錯誤の連続の中で経験値を積んできたことで徐々に強くなって今があると言われていました。

人生には色々な課題が舞い込んできます。とくに我が子のこと、家族のこと、自分自身のことに関しては、逃げようとしても、必ずクリアしていない課題はブーメランのように戻ってきます。恐怖感を克服した方々は、どこかで自身の課題に向き合ってきたからこそ、今の強さを手に入れていることを感じました。

ですから、もしも学校の教師が、我が子や親が望んでいない進路を進めてきて、その理由が釈然とせず、おかしなことを言っていて、話が平行線で、コミュニケーションも取れないなら、迷わず教育委員会に行って相談すればいいと思います。

もし、そこで行政の担当者や学校長が不勉強で前例がないと言い出したら、うちの息子のように重度の知的障害があっても成人するまで地域の学校へ通い続けた前例もありますから、そうした話を引き合いに出していただいても結構です。

今は、私の子育ての頃と違い、合理的配慮とかインクルージブ教育とか文科省が推奨していますから、必ず話は聞いてくれます。

それでも話を聞かないようなら直接、文科省に行き、ダメならメディアに訴え、今はネットもあるので周囲へ投げかけて賛同者を募って訴えるということもできます。

過激な発言に聞こえるかもしれませんが、私なら我が子のために今できることがあるなら何でもします。もちろん、法を犯さない範囲であることは言うまでもないですが……。それぐらいの覇気は必要だと感じています。

障害の有無に関わらず「子育ては親育て」といわれるように、育児は親が試される修行の場だと感じています。

また最大の環境は場所ではなく「人」であり、子どもにとっての最大の環境は「親」です。親が怯えていたら、それは子どもへも影響します。

親にプレッシャーをかけるつもりはないですが、無責任な支援者みたいに「任せとけば大丈夫ですよ」というようなウソはつきたくないので、親バカ仲間として、力まず、がんばってほしい！　と願っています。

あと威張る必要はないですが、なめられてもいけません。

教師に何か言われてガックリしてしまう親は、もしかしたら教師になめられている可能性もあるのではないか？　と感じました。

残念ながら真面目に生きていても、言われやすい人がいて、そういう人に共通しているのは「主体性のなさ」です。同調圧力に弱く、他者から嫌われたくない人は、その部分に付け込まれ、押し切れば何とかなると思われている可能性もあります。

だからこそ威張る必要はないですが、しかしなめられてもいけません。このことはパニック時に利用者から他害を受ける人にも似た傾向があります。相手になめられる人や攻撃対象にされる人は共通して、言語以前のノンバーバルな部分から、そうした内面の怯えた雰囲気を醸し出しているときがあるからです。

また不安になって眠れないということは精神的な問題のようですが、心と身体は繋がっているので身体の在り方の問題でもあります。

ですから、親も身体を調整していくことで心をコントロールできるようになれば落ち着いて対処できるようになります。同時に身体（姿勢）から発するノンバーバルな情報を無意識に相手が感じるのですから、逆にこちらの身体が整い、気力が感じられるようになると、相手はむちゃくちゃなことを言えなくなっていきます。

息子の学生時代を振り返ったときに、教師や教育委員会との交渉時にも、そうした姿勢を整えておく技術を使っていたことを思い出しました（個人の活動では市長、知事、国会議員、当時の与党の副代表との面談から悪徳業者や反社会的勢力との交渉まで……）。

そうした身体を整えることとの重要性を感じています。

つまり、「自身や我が子のために負けないでほしい！　強くなってほしい！」ということです。

どんな選択肢を選ぶかは自由ですが、その先どうなりたいか？　を親子で考え、その理想に向かっていく過程で様々な妨害があっても突き進んでほしいです。

それは常に好戦的であれという意味ではなく、必要性があれば柔軟に対応しながら、バランス感覚を持ちつつ、しなやかに生きていける強い親子が増えてほしいと願っています。

また結局、主体的に生きる覚悟をもった人でなければ、誰も助けられません。

最終的に身体を治すのは医者でもヘルパーでも教師でもなく、当事者自身の中にある自己治癒力であるように、その潜在能力を最大限に発動させるには自身が、それを望むしかないからです。

我が子にとっての親は、私達しかいないのです。だから、これからは我が子のために強くなりたい！　と願う親を全力で応援することにしました。

最大の環境は「人」です。子どもにとっては「親」です。

……ということは「親」にとっての最大の環境は「我が子」だということです。

私もタダの親バカに過ぎませんが、息子の存在によって多くの試練を乗り越えることができ、成長していくことができました。

息子がいなければ、パニック時の介助法なんて考えることもなかったでしょう。

息子がいたからこそ、様々な学びがあり、強くなれたのです。

親バカには我が子のためには命をすら惜しまない覚悟と突破力があります。親バカである時点で幸せな未来は約束されたようなものです。その未来に向かって、今を生きることが大切です。

身体を整えて強い軸を持つ親が増えることで、親子共に安定していき、最終的に笑顔で自由に生きる子ども達が活躍する未来を夢見ています。

そのために、これからもできることを伝えていければいいな……と感じています。

本書を通じて、何か少しでも伝わるものがあり、お役に立てることがあったなら幸いです。

ありがとうございました。

著者紹介

廣木道心（ひろき・どうしん）

1972年 兵庫県生まれ。武道家・国際護道連盟宗家・支援介助法創始者。自閉症で知的障害のある息子の育児の中でパニック時の効果的な対処スキルがないことに気付く。自身が会得した武道をベースにしながら、新たにお互いが傷つかない方法を考えて我が子のパニックを治す。そのことによりパニック対応に悩む親や支援者から教えてもらいたいと要望を受けるようになる。支援技術の研究と息子の育児に活かす方法を求めて福祉現場で介護福祉士として働きながら、新たに自他護身のための武道・護道を創始。その技術を活用したパニック当事者に痛みを与えず、支援者も傷つかずに事態を収束させる支援介助法を考案。全国の福祉施設、特別支援学校、公立の小中学校、医療福祉系専門学校で高い評価を得る。またNHK国際放送「Face to Face」にて世界160カ国で紹介され、研究レポートがイタリア・ボローニャ大学オンラインジャーナルに掲載されるなど海外でも反響を呼んでいる。介護福祉士から福祉施設での施設長を経て退職。現在は武道家として活動しながら、全国で介助法の指導を行っている。「発達障害・脱支援道」（花風社）、「自傷・他害・パニックは治りますか？」（共著：花風社）、「発達障害のある子どもへの支援介助法」（ナカニシヤ出版）など著書多数。

【護道《ごどう》構《がま》え】

「ちょっと待って」というのを伝える
ノンバーバル（非言語）コミュニケーション。
興奮した相手と適度な距離を保つ。
自他護身（お互いを護る）の観点から
新たに生み出された「護道」独自の構え。

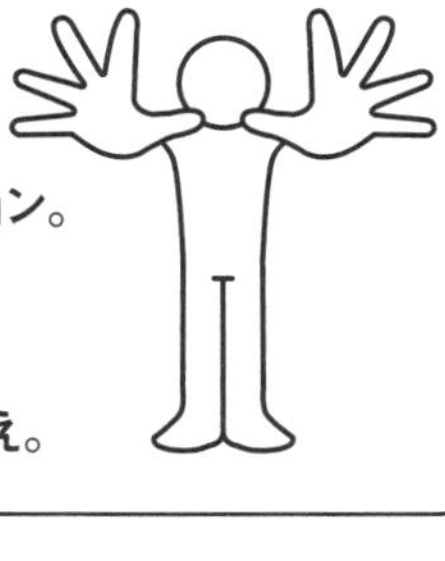

発達障害・脱支援道
笑顔と自由に満ちた未来のためにできること

2021年1月24日　第一刷発行

著者：　廣木道心《ひろきどうしん》

イラスト：　廣木旺我・廣木道心

デザイン：　廣木道心

発行人：　浅見淳子

発売所：　株式会社 花風社
〒151-0053 東京都渋谷区代々木 2-18-5-4F
Tel：03-5352-0250　Fax：03-5352-0251
Email：mail@kafusha.com　URL：http://www.kafusha.com

花風社愛読者コミュニティサイト
「治そう！　発達障害どっとこむ」 https://naosouhattatushogai.com/

印刷・製本：　新灯印刷株式会社

ISBN978-4-909100-15-3